I PUPAZZI

Paris. — Imprimerie VALLÉE, 15, rue Breda.

SOIRÉES PARISIENNES

I PUPAZZI

TEXTE ET IMAGES

PAR

LEMERCIER DE NEUVILLE

PARIS

E. DENTU, ÉDITEUR
LIBRAIRIE DE LA SOCIÉTÉ DES GENS DE LETTRES
Palais-Royal, 17, 19. Galerie d'Orléans.

1866
Tous droits réservés.

A MON CRITIQUE

Je m'étais promis d'être modeste, je ne le serai pas ; — c'est à qui prendrait ma modestie pour de la vanité.

Puis, qui m'en saurait gré ? Quel besoin ai-je de silence et d'obscurité, moi qui ai *courageusement* attaché une casserole à la queue de mon chien, en plein soleil, en disant : Ce chien est le mien !

Non, je ne serai pas modeste, et je vais raconter sincèrement l'histoire des Pupazzi, comme Louis Blanc écrivit l'*Histoire de Dix Ans*, Thiers, le *Consulat et l'Empire* et Lamartine ses *Confidences !*

Seulement, ce sera moins long et beaucoup plus exact.

Je ne crois pas que ces révélations feront un grand bruit dans le monde qui ne s'occupe de mes pantins que lorsque les ténors sont lassés et les danseurs fourbus; je ne crois pas non plus que si ces pages tombent un jour sous les yeux d'un bibliophile, elles pourront l'éclairer sur les mœurs parisiennes du dix-neuvième siècle, ainsi que sur la littérature *express* qui a cours aujourd'hui.

Je crois que ce livre, composé de reflets, de personnalités et d'actualités, très-inégal comme facture, à moitié travaillé, à moitié improvisé, existe cependant, comme le ciron près de l'éléphant, comme la mouche près de l'aigle. Et je ne suis pas modeste en disant cela, car tout ce qui se publie aujourd'hui n'est pas toujours vivant.

Il y a bien des cadavres de mon format qui ont de superbes dessins sur leur mausolée !

Donc je publie ce livre, parce que je le crois LIVRE, et je le commence.

A MON LECTEUR

En 1863, j'étais homme de lettres, aujourd'hui je suis montreur de marionnettes.

Comme homme de lettres — journaliste si vous voulez — on ne me fit jamais l'honneur de m'attacher spécialement à un journal, on ne me confia jamais ni une *chronique* ni des *échos* ; je fus toujours dans les tirailleurs.

Cela me valut de ne jamais prêter serment. On n'en demande pas aux *mercenaires*.

Mais, n'ayant jamais inspiré assez de confiance pour être chargé d'un mandat quelconque, il en est résulté que malgré mon activité — me permettra-t-on d'ajouter : et mon intelligence ? — je n'ai pu prendre un pied suffisant dans la petite presse parisienne pour y vivre convenablement.

Un livre par-ci, une pièce par-là, un article à droite, une chanson à gauche, tout cela vous fait bien recevoir *compagnon* dans le *bâtiment,* mais ne vous aide pas beaucoup à nourrir votre petite famille.

Ces réflexions me poursuivaient depuis longtemps et sans l'avouer cependant, — car à Paris, dans le monde des lettres, si l'on n'*Est* pas, il faut *Paraître*, — j'étais profondément découragé.

Où écrire ? — Que faire ? — Où aller ?

Dans un petit journal parisien, quand on n'est pas indispensable on est inutile.

Un NOM ! Comment cela s'acquiert-il ?

Aux uns cela vient par héritage, les autres l'ont la veille de leur mort, le plus grand nombre le jour de leur enterrement.

Dans ces pensées, je regardais mon petit garçon malade qui dormait péniblement dans son berceau, et les larmes me venaient aux yeux en songeant que ce petit être innocent comptait sur moi; que j'étais son protecteur; que sa santé, sa vie, dépendaient de mon courage, de ma force, de mon intelligence; et ce bonheur immense d'être père, bonheur envié par tant d'autres, se mélangeait d'amertume devant mon impuissance et mon découragement.

Triste et abattu, je découpais des images pour l'amuser à son réveil!

Je découpais des images! Amère raillerie! C'étaient les charges des illustrations contemporaines que Carjat avait faites pour son journal, *le Boulevard*.

C'étaient : Méry, Monselet, Oct. Feuillet, de Villemessant, Jules Janin, A. Dumas, et d'autres plus ou moins célèbres, — tous connus! — Des Noms!

Quand les images furent découpées, — à quoi pensais-je? je n'en sais rien! — je pris un carton et collai dessus la première charge qui me tomba sous la main, H. de Villemessant, je crois.

Quand ce fut fait, je jetai un regard sur le lit du petit garçon qui dormait encore, et j'aperçus des débris de jouets, un cheval brisé, une voiture sans roues, un polichinelle déchiré, et comme je ne pouvais pas renouveler ces trésors de l'enfance, l'idée me vint de remplacer, de mon mieux, le marchand de jouets d'enfants.

La seule pensée que j'allais faire une surprise à mon petit Lucien, à son réveil, me donna du courage, je pris un couteau, des ciseaux, des couleurs, des ficelles, et au bout d'une heure!...

On put vous voir, cher monsieur de Villemessant, agiter votre rasoir avec autant d'habileté que vous cultivez l'anecdote.

Au jour, au petit jour, l'enfant se réveilla et jeta sur moi un de ces regards dans lesquels les pères voient des anges.

De fait, sur la terre, il n'y en a que dans ces yeux-là!

— « Petit père — *puis une pause* — je t'aime! » — *puis l'adorable regard!*

Eh! comment aurais-je fait si j'avais été chargé de contrôler les mœurs et les toilettes de mesdemoiselles Telle ou Telle, ou les turpitudes littéraires de celui-ci ou de celui-là?

Le petit fantôme de mon enfant se serait dressé

entre eux et moi, et en entendant ces mots : « *Petit père, je t'aime !* » j'aurais pardonné toutes ses fautes à l'humanité !

Il faut être bien dégagé des choses humaines pour dire son fait à l'humanité.

Ce jour-là, je travaillai comme un forçat ; toutes les charges du *Boulevard* y passèrent et une quinzaine au moins fut collée sur bois, peinte et *machinée*.

* *

Ce dernier mot nécessite une explication. Mes *machinations* feraient sourire un ingénieur par leur simplicité, comme elles ont fait sourire des gens du monde par leur ingéniosité.

Le moyen est naïf et primitif ; il complète d'une façon grotesque l'idée que le texte ébauche.

— Qu'est-ce que celui-là ? me disait l'enfant.

— C'est de Villemessant.

— Pourquoi a-t-il un rasoir à la main ?

Là était l'obstacle ! — En effet, je ne pouvais pas

dire à ce moutard de cinq ans et demi que ce rasoir était l'attribut de Figaro, que Figaro était un barbier d'esprit, que M. de Villemessant avait pris son nom pour en faire le titre d'un journal satirique, et que, de même que Mercure a un caducée, Figaro doit avoir un rasoir.

Dans le monde, j'ai trouvé beaucoup de gens *plus âgés* qui ne s'expliquaient pas le rasoir, et qui pourtant avaient été rasés par lui.

— Et celui-là avec tous ses manteaux?

— C'est Méry!

— Méry! il a donc froid?

— Toujours!

— Pourquoi?

— Pourquoi? L'éternel Pourquoi des enfants! Et de fait, pourquoi Méry a-t-il toujours froid? Je ne le lui ai jamais demandé.

— Oh! en voici un qui est bien drôle! N. A. D. A. R. Na... dar... Nadar!

— C'est un photographe! qui a un bel enfant comme toi.

— Pourquoi monte-t il en ballon?

Que voulez-vous répondre à cette question-là? — Je ne sais pas plus que lui pourquoi?

— Mon père, ce cuisinier? comment s'appelle-t-il?

— Rossini!

— Ah! qu'est-ce qu'il a dans sa casserole?

— Du macaroni.

— C'est bien bon! Oh! le drôle de cuisinier!

— Ne dis pas cela, c'est un grand musicien.

— Pourquoi alors est-il habillé en cuisinier?

Du coup, j'y renonce! Une plaisanterie, si mauvaise qu'elle soit, ne s'explique pas, pas plus qu'un bon mot ou un calembour. Je suis *tombé* par l'enfance!

Je compris alors qu'il fallait expliquer d'une façon quelconque mon épigramme animée et mettre, pour ainsi dire, une légende au-dessous de la caricature.

Je fis quelques vers qui expliquèrent les mouvements ou les travestissements de mes illustres sujets.

A l'un un sonnet, à l'autre une chanson ; à celui-ci un distique; celui-là n'eut qu'un bout de prose; tel autre eut de mauvais latin.

Je cherchai autant que possible à compléter dans le

texte la ressemblance qui pouvait manquer dans le dessin.

Et vice versa. — Somme toute, quand il manquait une corde à la lyre, le crayon la remplaçait; et si par hasard, la mine de plomb se cassait, la lyre s'efforçait de vibrer davantage.

Comme je l'ai dit, ces premiers dessins étaient de Carjat; j'en choisis un ou deux de Durandeau.

Il était donc permis à la poésie d'être inférieure.

⁂

Sur ces entrefaites, l'enfant se rétablit, je cachai les pantins dans une armoire, et me mis de nouveau EN CHASSE [1] !

---

[1] Les lecteurs qui n'ont point connu intimement la plupart des gens de lettres sans fortune comprendront difficilement ce que je veux dire. Qu'ils se reportent alors au livre de Jules Vallès, LES RÉFRACTAIRES, ou qu'ils lisent seulement les articles quotidiens du nouveau chroniqueur de l'*Evénement*. — Lui et moi, dans ces drames mystérieux pouvons dire : *Et quorum pars magna fui.*

Oh! cette chasse! cette chasse effrayante à l'article, au vaudeville, au drame, au livre!

La chasse à la *combinaison*.

On parle des exploits des tueurs de lions! Misère! à côté des luttes dont je parle.

Le lion tue ou est tué; le drame est en un acte.

L'autre chasse a un intérêt bien plus grand. Ce n'est pas la Mort que l'on cherche, c'est la Vie. Le projectile dont on se sert, c'est l'Intelligence. Mais la chose terrible, c'est que ce projectile est comme certaines allumettes chimiques : il n'y en a qu'une de bonne dans la boite.

On vous reconnait toutes les qualités, mais il vous en manque toujours une dont on aurait besoin; vous pouvez aller vous promener avec les autres!

Cette chasse! Mais elle est horrible et cruelle! Songez qu'on voit et qu'on touche le gibier et qu'on a l'arme, — et qu'on frappe... et que l'arme s'émousse... — et qu'on tire et que la balle s'aplatit, — et qu'on lutte corps à corps et que le gibier s'évanouit comme un fantôme !

Assez s'appesantir sur ces tristesses, l'heure n'est pas loin où je dus prendre un parti.

.·.

Un jour, M. de G..., un de mes bons amis, m'invita à dîner; je devais trouver là, Carjat, Loiseau, — Monselet peut-être?... et quelques autres amis.

Sachant très-bien que ce dîner était de la catégorie de ceux qu'on ne peut rendre de la même manière, je voulus, le soir même, essayer de montrer ma reconnaissance à mon amphitryon.

Le cas était grave : c'était ou doubler ma dette ou l'alléger de moitié...

Bref, j'avais apporté avec moi mes pantins au nombre de douze ou quinze, et j'avais annoncé une surprise pour le dessert.

Une surprise? — quel effroi!

Une surprise annoncée, les trois quarts du temps, est une maladresse; — en admettant qu'à un certain point de vue, elle soit une habileté, elle est le plus souvent un ennui.

L'ennui se tolère comme bien d'autres choses mais n'en est pas plus estimé pour cela.

Pendant tout le repas, on parla de la surprise ; cela me mettait dans une gêne assez grande, quoique je fisse bonne contenance.

L'esprit français allait son train :

— Qu'est-ce que cette sauce? disait l'un.

— Une sauce à la surprise !

— Ce vin est exquis !

— Je crois bien ! Il est de l'année de la surprise, — comme on disait : de l'année de la omète, 1811 !

Allez donc lutter avec de pareils railleurs !

Pas un de ceux-là n'eût voulu me chagriner, car j'eusse montré la moindre tristesse que chacun se fût efforcé de diriger sa gaieté d'un autre côté.

Mais cet assaut de plaisanteries me surexcita au contraire. Quand la conversation se portait d'un autre côté, par un mot, je tâchais de la ramener dans mon sentier, — sentier facile et doux puisque je donnais la réplique et me prêtais volontiers à leur verve bouffonne.

Au dessert je quittai la table.

— Vous êtes malade? me demanda l'amphitryon.

— As-tu besoin de quelqu'un?

— C'est l'émotion!

Je vidai ma coupe de champagne et lançai avec affectation ces mots :

— Je vais préparer la surprise!

Là-dessus, je sortis au milieu de rires, d'exclamations et de toasts bouffons!

⁂

En deux minutes, tout fut prêt. Un drap blanc masquait l'ouverture de la salle à manger, à mi-hauteur.

Je me trouvais caché derrière avec mes pantins.

— Ouvrez la porte! criai-je

On ouvrit la porte.

— Allez! l'ouverture!

Ils entonnèrent aussitôt un chant baroque qui ne

rappelait nullement les exécutions des orphéonistes, mais qui avait bien son petit cachet de barbarie; quand tout à coup, l'un d'eux, lassé, cria : « au rideau ! » et comme il n'y avait pas de rideau, je compris qu'on avait assez de mélodie et qu'on demandait autre chose : je fis alors paraître mon premier sujet.

C'était Théodore de Banville, vêtu à l'antique, d'après la charge d'Étienne Carjat, et d'une main assez naïvement machinée, faisant vibrer sa lyre.

Voici ce que je lui faisais dire, en pastichant grossièrement sa manière de versifier et en imitant sa voix tant bien que mal.

    Athéniens! ardents bohêmes! mes amis!
    Voyez dans quel état Étienne nous a mis?
        O gloire! affront que rien n'efface!
    Les nymphes blondes qui devancent *Diane au bois*,
    En entendant mon luth céleste ou mon hautbois,
        Ne voleront plus sur ma trace !

    Éros! l'enfant Éros loin de nous s'enfuira,
    Dans les touffes de lis l'ingrat se cachera,
        Évitant nos mines grotesques!
    O mes amis! mon cœur, mon cœur est ulcéré!
    Mais si Carjat le veut, oui, je me vengerai
        Dans mes *Odes funambulesques!*

On rit et ce fut tout !

Du reste, je n'en voulais pas plus, mais si vous saviez, lecteur, comme le rire est loin du bravo?

Le RIRE peut être complaisant, nerveux, machinal, le BRAVO est convaincu !

Le BIS, c'est de l'enthousiasme !

Je sais très-bien que ce ne sont pas ceux qui crient le plus fort qui ont le plus raison, mais, sans s'en rendre compte, ils donnent le plus de courage.

Aussi, je comprends très-bien la claque salariée des théâtres.

Il ne faut pas croire que l'artiste, applaudi par la compagnie de l'entrepreneur de succès, se grise avec les bravos qu'il a payés ; — celui qui y croit est un sot ! — Mais la *claque* est indispensable à l'acteur, comme l'accordeur au piano, l'horloger à la pendule, l'huile à la lampe! Le *rire*, c'est le compliment, mais s'il encourage, il n'entraîne pas! Le *bravo*, au contraire, donne du courage, de l'aplomb, de l'audace, c'est le verre de madère à jeun, c'est le vin de champagne au dessert !

Patience! j'allais en boire !

Je montrai le fantoche de Monselet.

Il était vêtu en amour — je dis vêtu, car comment dire? — des roses enlaçaient ses flancs, il balançait une aune de boudins, ses petites ailes blanches frissonnaient sur ses épaules!

Voici ce que je lui faisais dire :

Je ne suis pas l'Amour, quoiqu'ayant le costume
   Du jeune Céladon.
Je suis tout bonnement un gros homme de plume,
   Monsieur de Cupidon!
Et, n'est-ce pas? — je fais bien ici tout de même?
   Mon air est guilleret.....
Je ne crois pas venir comme Mars en Carême
   Dans ce repas discret !
Je suis sûr qu'en errant sous ces voûtes feuillues
   Le long des gazons verts,
Les Dryades avec les Nymphes chevelues
   Aux voiles entr'ouverts,
Les Faunes, le Satyre à la face rougie,
   Qui se cache le jour,
Bref, tous les habitants de la Mythologie
   Reconnaissent l'Amour [1] !
Je puis l'être pourtant! — On connaît mes conquêtes!
   On voit mes petits yeux

---

[1] Des tableaux mythologiques ornaient la salle à manger de notre amphitryon.

Briller, — en distinguant sous mes vastes lunettes
Un couple d'amoureux !
Mais ne trompons personne : Un amoureux des Lettres,
Un esprit sans détour,
Cela fait Monselet ! — Joli garçon peut-être,
Mais qui n'est pas l'Amour !

.˙.

Je n'avais pas fini que ma toile s'était soulevée et que Carjat se trouvait près de moi.

— Je t'en prie, me dit-il, je t'en prie, *je ne les abimerai pas,* laisse-les-moi repeindre.

— Qui ? quoi ? qu'est-ce ?

— Tes pantins !

— Tes charges ?

— Oui, c'est très-drôle, très-nouveau, cela fera beaucoup d'effet ! Tu auras beaucoup de succès avec cela. Dans quinze jours, je donne une soirée, tu les montreras, et je ne te dis que cela !

— Mais, mon cher, c'est un honneur pour moi, j'ai fait ce que j'ai pu ! Je ne sais ni dessiner, ni peindre, ce que tu me dis ne peut que me flatter et me faire plaisir !

Je terminai la représentation au milieu d'un enthousiasme mêlé d'étonnement.

L'enthousiasme — le mot est peut-être fort, mettons la satisfaction — appartenait au texte lyrique, bouffon, satirique et même élogieux ; l'étonnement s'appliquait aux bonshommes !

On s'expliquait difficilement que j'eusse découpé en bois ces charges et que je les eusse peinturlurées.

Ceci était si loin de la littérature et du journalisme, qu'au fond chacun disait.

— Pauvre garçon ! comme il gaspille ses facultés ! au lieu de découper des pantins, que ne fait il du théâtre ?

Parbleu ! j'y avais bien pensé ! — Mais demandez à MM. de la Rounat, Montigny, Plunkett, Cogniard, de Chilly, Déjazet et tutti quanti, pourquoi ils m'ont refusé mes pièces sans explications ? Comme le banquier à qui on présente une signature inconnue et qui en demande deux autres pour patronner celle-là.

Car j'ai fait toute cette route-là, comme celle des éditeurs, comme celle des directeurs de journaux.

M'y suis-je mal pris?

Je n'en sais rien, mais je n'ai guère trouvé de portes ouvertes que lorsque je n'ai plus eu le BESOIN de les franchir.

Ainsi est la vie [1].

Revenons à mon histoire.

— Et comment appelles-tu ces bonshommes-là ?

Je ne savais que répondre, et plaisantant, je dis à tout hasard des *Pupazzi*.

— Tiens ! c'est un joli nom ! cela peut rester.

Avec aplomb j'ajoutai : Cela restera !

---

[1] Il y a des exceptions cependant qu'il est honnête de signaler : — au théâtre, j'ai trouvé M. Desnoyers. Il est mort. — Dans les journaux, j'ai trouvé M. de Villemessant. — Il est bien vivant celui-là, et tout prêt, je suis sûr, à m'accueillir encore, — mais c'est un USEUR — il n'abuse jamais des rédacteurs — là est le secret du succès constant du *Figaro*.

Enfin, parmi les éditeurs, j'ai trouvé Bourdilliat, éclipsé un jour. Charlieu et Huillery, livrés aux publications populaires, plus productives qu'artistiques, puis enfin, hier seulement, Dentu, Dentu, pour ce livre étrange que je me permets d'illustrer comme si je savais dessiner, et qui est bien plutôt une page de ma vie — une œuvre égoïste — qu'un ouvrage utile à mes contemporains.

Au fond j'ignorais que cela pût seulement durer une soirée... et voici deux ans qu'ils existent!

Tout à l'heure, je vous ai parlé de Carjat, permettez-moi de vous le présenter d'une façon plus complète. C'est le parrain des *Pupazzi*, le père doit des égards au parrain.

⁎ ⁎ ⁎

Avez-vous jamais été à Notre-Dame-de-Lorette? A main gauche, en sortant de ce temple chrétien, aux allures si mondaines, vous trouvez dans la rue Laffitte une plaque blanche sur laquelle, en lettres antiques, s'étale modestement mais dignement cette adresse :

CARJAT ET Cie.

Entrez! — pas chez la modiste qui est à droite, ni chez le cordonnier qui est à gauche; — entrez tout droit devant vous... et vous vous trouvez dans un jardin au milieu duquel Carjat a fait construire son atelier photographique.

Je ne veux point faire ici de réclame à sa maison qui n'en a pas besoin, mais en attendant le *patron*, remarquez cette merveilleuse épreuve de Frédérick Lemaître dans TRENTE ANS, et cette autre non moins belle de Victor Hugo, et toutes ces têtes de femmes, profils sans grimaces, et Vacquerie plus loin riant de mon jeu de mots, et Féval, le mot d'esprit sur la bouche comme il l'a au bout de la plume, et Monselet, ce gourmet de lettres, et Noriac observant la *Bêtise humaine*, — je crois, Dieu me pardonne, qu'il me regarde ! — et Colombine, avec son masque ; et les hommes politiques, immuables là seulement : Émile Olivier qui a encore ses lunettes, Pelletan le rêveur, Havin le digne !...

Et les peintres : Voillemot, l'éthéré, rose et blond sur fond bleu ! Gustave Doré qui vient d'ajouter un chef-d'œuvre nouveau à ses autres chefs-d'œuvre ; Gérôme ! aujourd'hui à l'Institut ! Et les sculpteurs : Millet, l'habile forgeron de Vercingétorix ; Franceschi, le poëte de l'Ariane; Carrier-Belleuse, qui a fait une merveille du nouveau Casino de Vichy.

Et tant d'autres!... car je suis obligé de m'arrêter, voici le créateur de ces épreuves splendides dont les prototypes sont ses amis.

Carjat était avant-hier un dessinateur en châles, hier c'était un caricaturiste, aujourd'hui c'est un photographe.

Mais de tout temps, il fut artiste.

Il a écrit dans les journaux, et a tenté de faire du théâtre.

Voici, direz-vous, une heureuse nature! Vous aurez raison de penser cela : Carjat, dans toute sa vie, n'a jamais eu une mauvaise pensée.

Qui ne connaît son bon cœur? Que d'amis il a aidés, encouragés, soutenus! L'argent qu'il gagne a-t il jamais été à lui?

Tout Paris a parlé de ses fêtes dans lesquelles toutes les célébrités du chant et du théâtre venaient se faire applaudir par les célébrités des lettres, des sciences et des arts!

Quel Mécène, si opulent qu'il fût, eût pu rassembler

ainsi dans la même enceinte autant d'intelligences ? Je me complais à rendre ici, hautement, justice Carjat. Je ne compte point avec mes sympathies, encore moins avec ma reconnaissance, je ne puis oublier que c'est sous cette petite vitrine que pendant qu'on jouait les DIABLES NOIRS au Vaudeville, je montrais *deux fois de suite* mes Pupazzi à un auditoire qui, par ses bravos réitérés, remplissait ma pauvre cervelle de diables bleus — *Blue Devils!*

Connaissez-vous mon Mécène, maintenant ?

Vous l'estimez déjà, aimez-le.

Voici ce que depuis longtemps je pensais de lui, et ça me gênait de ne pouvoir le dire à tout le monde.

.·.

Vais-je pas à pas vous promener dans ce labyrinthe de souvenirs ?

Non !

En quelques traits, je vais esquisser la physionomie de mes premières campagnes.

Comme je le disais plus haut, ma première exhibition fut — (Allons, du courage ! j'ai promis de n'être pas modeste)... fut un triomphe ! — (Aïe !)

Alphonse Duchesne, dans le *Figaro* du 6 décembre 1863, disait, au milieu d'un article de trois cents lignes au moins : — « *Ses bonshommes ont soulevé des tempêtes de rires. Et je ne crains pas d'ajouter que c'est presque une révélation et le point de départ d'un art nouveau, purement aristophanesque et populaire, qui prendra des développements considérables le jour où à la Liberté* DES *Théâtres, la liberté* DU *théâtre s'associera.* »

Nous en sommes encore loin, n'est-ce pas, messieurs de Goncourt ?

Et comme au fond de toute modestie, il y a un petit accès de vanité ; comme une crainte puérile se faufile toujours à l'ombre d'un vrai courage, comme enfin, dans le vin, si pur qu'il soit, un chimiste trouve toujours une goutte d'eau ; — je m'étais avisé, en cas de *rappel*, de rimer un petit sonnet, pour remercier mon auditoire.

Le rappel eut lieu, comme je l'espérais, et voici le

remercîment assez mal rimé que je décochai à mes auditeurs en reparaissant pendu... :

> Messieurs, je reviens sur la scène,
> Comme Gounod, comme Sardou,
> Comme Bizet, comme Dumaine,
> Et j'en suis heureux comme *tout!*
>
> Oui, cet honneur m'a rendu fou,
> Tellement, — je le dis sans peine, —
> Que j'ai dû passer à mon cou,
> Ce chanvre qui coupe l'haleine !
>
> Je vais donc mourir! mais *avant,*
> Recevez mon remercîment.
> Heureux de vous avoir fait rire,
>
> Le rire étant partout honni,
> D'avance, je me suis puni...
> Bonsoir! Messieurs! — je vous la tire.

Quelques jours après, Henri de Pène voulut gratifier quelques amis de ce spectacle nouveau.

Puis de Villemessant l'offrit à sa famille ;

Puis... mais, que vous importe, lecteurs, — ils vivent encore, ces Pupazzi... donc ils ont vécu jusqu'ici et rien ne fait supposer qu'ils soient disposés à se laisser mourir.

Je fis pourtant quelques imprudences pendant mon adolescence ; — imprudences qui eussent pu devenir fatales si je n'eusse aussitôt porté un remède énergique.

*
* *

Un jour, entre autres, j'avais promis ma soirée du lendemain...; les invitations étaient faites, le gala était commandé, je devais *charmer* un auditoire d'élite.

Comment cela se fit-il? Je n'en sais rien, mais le lendemain, ma voix, mal entretenue, avait complétement disparu. — Un enrouement terrible m'oppressait; j'aurais eu du succès à la halle; dans un salon j'étais impossible.

Je ne voulais plus aller à cette soirée, on vint me relancer, on insista, bref, tout *aphone* que j'étais, je n'eus pas le courage de refuser.

Cette imprudence eût pu me coûter cher si je

n'eusse, — au lieu de dîner, — pris la plume et jeté sur le papier les rimes suivantes, qui servirent à m'absoudre :

Un jeune homme enrhumé, mesdames,
Un jeune homme enrhumé, messieurs,
Fait appel à vos bonnes âmes
En termes révérencieux !

Milord Brouillard et dame Pluie,
Charmant couple bien assorti,
M'ont rencontré sans parapluie
L'autre jour ! — Je dis : « Sapristi !
» Je suis pincé ! — » car les manières
Et les façons de mauvais goût
De ces humides insulaires
Ne me convenaient pas du tout. —
— Sous un auvent je m'insinue
En me disant : La pluie, au moins,
Ne viendra pas dans ces recoins.
Elle restera dans la rue ! —
— Elle me vit ! — Quel contre-temps !
— Alors d'une façon galante
Elle m'aborde et puis se vante
D'être le page du printemps !
— « Oui vraiment, c'est moi, me dit-elle,
» Qui fais pousser près des ruisseaux,
» Les petits pois, la pimprenelle

» Et les fleurs et les arbrisseaux !
» Au fond, croyez-moi, je suis bonne !
» Tout autant que modeste, car
» Voyez ! — ma fragile personne
» Se met à l'ombre du brouillard.
» Lord Brouillard avec sa pituite
» N'est qu'un méchant homme de fait,
» Aussi je me glisse à sa suite
» Pour réparer le mal qu'il fait ! »
— Je la suivis ! quelle folie ! —
Au coin du premier boulevard
Je vis disparaître la Pluie
Et fus pincé par le Brouillard.

— Puis-je donc avoir l'espérance,
O vous qui m'avez écouté,
D'avoir gagné votre indulgence
Par un peu de sincérité !

Je ne veux pas fatiguer le lecteur d'anecdotes un peu trop personnelles, mais avant de signer cette notice, je remercie hautement tous ceux qui m'ont donné un coup de main et m'ont encouragé dans cette entreprise plus pénible, plus ardue que tout autre labeur, mais qui du moins me conserve pleinement ma personnalité : — Carjat qui m'a fait mes premiers bonshommes, Crapelet qui m'a brossé mes premiers décors.

Entreprise pénible ! ardue ! — Labeur ! — Qu'est-ce que cela? direz-vous peut-être. — Quoi! vous avez à faire quelques bouts rimés, quelques caricatures, quelques imitations, à pousser quelques notes plus ou moins fausses, à brosser quelques décors plus ou moins naïfs. En un mot, vous avez une CHARGE à faire et vous appelez cela un travail ?

Dieu vous garde d'en accomplir jamais de semblable!

Le jour où j'ai commencé cette besogne, je ne savais pas dessiner ; — j'avais copié la tête de Romulus au collége, voilà tout ! — J'ignorais les premiers éléments de la peinture , — les demi-tons m'étaient inconnus : — les demi-tons! ces dièses, ces bémols de la couleur !

J'appelais les *brosses* des pinceaux, et quand je manquais d'huile de lin, je prenais de l'huile d'olive.

Comme tous les ignorants, je ne doutais de rien. On

me raillait, mais on ne m'aidait pas. Les conseils? je les extirpais à force d'observation. Par exemple, je n'ai fait fi d'aucun ; et si je fais du vert avec du jaune et du bleu c'est que cela m'a été conseillé... par l'observation.

Mais l'huile séchait lentement, je voulus peindre à la colle. — Autre étude, autre apprentissage.

Puis le dessin qu'il fallut rectifier de plus en plus ! Où en suis-je ? je ne sais !

Ou plutôt si ! J'en sais assez pour faire drôle sans prétention.

Mes marionnettes sont des prétextes. L'image souligne le mot. Elles ne prétendent point à l'Académie, qui leur imposerait une honteuse immortalité.

Ce sont des fusées volantes, elles brillent de loin !

Et il y en a qui font long feu !

Parlerais-je de la partie mécanique des Pupazzi

Elle est d'une simplicité sans égale.

La cloche du collége m'a servi de modèle :

Le levier et le contre-poids !

Ne parlons pas de cela ! Disons que l'ingéniosité a été mon seul guide.

Mais que de coups de marteau ! que de coupures ! que de foulures ! que d'écorchures !

Les gens du métier s'en plaignent, moi je m'en console... quand j'ai réussi.

Au chant maintenant !

Je dois l'avouer, c'est par là que je pèche totalement.

Mon accompagnateur me faisant travailler, me disait que je gagnais une note par leçon.

En faisant mon compte — ou le sien — j'ai calculé que je devais avoir maintenant sept octaves et demie. Comme la chose me parait assez difficile — et disons-le nettement — nullement prouvée, je dois conclure que la note que je gagnais à chaque leçon était toujours la même.

Quant aux imitations — comme il n'y a pas encore de chaire au Collége de France pour l'enseignement de cette excentricité — je les fais à ma façon. Il y en a qui les trouvent bonnes, d'autres les trouvent mauvaises, cela m'est égal !

J'ai fini cette auto-biographie, mais avant de céder ma place à mes personnages, le lecteur me permettra de lui présenter mon ami Bellot, mon graveur. Un lutteur d'une autre espèce, celui-là, qui a su reproduire mes informes dessins avec une exactitude remarquable, à l'aide d'un procédé qui ne l'a pas encore enrichi.

Mais qui s'enrichit de nos jours, si ce n'est ceux qui ne font rien, à moins que ce soit ceux qui ont déjà beaucoup fait?

Si Dieu nous prête vie, lui et moi serons un jour de ceux-là!

N'est-ce pas, Bellot?

L. LEMERCIER DE NEUVILLE.

CHARLES MONSELET

Les petites blanchisseuses
Qui s'en vont, le samedi,
Aux pratiques paresseuses
Porter le linge, à midi,

Folles qu'un caprice emporte
Loin de leur neigeux baquet,
En passant devant ma porte
Ont oublié mon paquet.

Aussi délaissant ma plume,
A l'heure du rendez-vous,

J'ai dû choisir un costume
Qui résumât tous les goûts :

Nu! je suis nu! mais qu'importe?
Si les roses du Japon
Ont poussé devant la porte
Où je laisse ma raison!

Qu'importe? si ma chair rose
De mon style a la fraîcheur;
Si mon abdomen repose
Sur un nuage enchanteur!

Qu'importe? si je voltige
Sur les fleurs comme un oiseau,
Butinant de tige en tige
Pour mon article nouveau!

Qu'importe? je le demande,
Si dans mes doigts grassouillets,
Je balance une guirlande
De boudins noirs et replets...

Oui, je suis nu! Beau, du reste,
Bien fait, bien dodu, bien gras,
L'œil alerte, la main preste!
Nu! mais c'est la faute, hélas!

Aux petites blanchisseuses
Qui s'en vont, le samedi,
Aux pratiques paresseuses
Porter le linge, à midi.

EDMOND ABOUT [1]

Ne me dérangez pas! — Je me suis haut perché
    Pour m'isoler du monde!
Mais, hélas! à Saverne, Hachette a déniché
    Ma puissante faconde!

Laissez-moi vous parler de haut! — Comme il convient
    A tout propriétaire!
Sur des échasses! — Soit! C'est un legs qui me vient
    De mon aïeul Voltaire!

Celui-là, qui fut trop flatté par quelques-uns
    Trop blâmé par les autres,
Eut toujours, comme moi, l'horreur des lieux communs
    Qui trouvent tant d'apôtres!

Ne me cherchez donc pas en détail, dans mon tout
    Vous comprendrez ma veine;
GUILLERY méconnu n'empêcha pas ABOUT
    De produire GERMAINE.

[1] Avril 1864.

Jamais GAETANA ne flétrit MADELON;
TOLLA, vivante encore,
Empêche le railleur de toucher du talon
LE PROGRÈS... qu'il ignore!

Ma réputation, par mes essais nombreux
Est loin d'être opprimée;
Je draine! Et j'eus hier, pisciculteur heureux,
Une truite primée [1].

[1] On s'en souvient encore. — L'a-t-il oublié?

Bien ! mais redescendez sur la terre, entre nous
        Désormais plus d'espaces !
Sur terre on vous voit grand ! Les hommes comme vous
        N'ont pas besoin d'échasses !

AUTRE

LE PROGRÈS. — CHAPITRE DU BUDGET.

Air de Fualdès.

    Écoutez, peuple de France,
    Et vous, peuple du Thibet,
    Comme j'entends le budget....
    C'est moins abstrait qu'on ne pense ;
    Dans mon livre : *le Progrès*
    Ce chapitre a du succès.

            Mettons une somme ronde,
Soit   Dix-sept cent cinquante francs,
1750 fr. Qu'on doit jeter, tous les ans,
            Sur la surface du monde....
            Vous trouvez que c'est beaucoup !
            Eh bien ! ce n'est rien du tout.

	FR.	C.
Sur cett' somme colossale		
Le roi ne touch' qu'un louis;.....	20	» »
Trent' sous chassent les ennuis...	1	50
De la famille royale ;		
Pour jouer avec les moutards		
Le dauphin n'a que deux liards....		02
Vingt sous pour la gargottière ;.....	1	»
Trent'-deux pour le loyer;.......	32	60
Pour arriver à payer		
L'épicier et la fruitière,		
Mettons dix sous tout au plus.....	»	50
Et six liards pour l'Institut !......	»	07
Pour encourager les vices		
Cocotte et corps de ballet		
Seize cents francs, s'il vous plaît,....	1600	»
Sans compter les écrevisses		
Les bouquets et les cadeaux !		
— Deux sous pour les porteurs d'eau	»	10
Soit quatre-vingt-six centimes.....	»	86
Pour payer un petit banc ;		
Quinz' centimes seulement........	»	15
Pour des besoins légitimes !... (oh !)		
Et maintenant il nous faut		
Quatre sous pour le bourreau.....	»	20

N'oublions pas les pourboires
Des cafés et restaurants;
Pour les deux, mettons trois francs. . 3 »
Vingt sous, pour payer nos gloires. . 1 »
Et quand on est enterré,
Cent vingt francs pour le curé. . . . . 120 »

1750 fr.   Chiffre égal. . . 1750 »

THÉODORE DE BANVILLE

LES PARISIENNES DE PARIS

VALENTINE. - LE CŒUR DE MARBRE

(*Figaro*, 22 juillet 1865.)

Partout où l'on entend le nom de cette femme,
Sous les panneaux sculptés ou sous les plafonds blancs,
Un essaim vaporeux de souvenirs poignants
    S'éveille et brame !

On dirait des démons qui fouetteraient l'éther
Avec les noirs arceaux de leurs ailes crochues...
— Cependant que d'amants les troupes accourues...
Boivent ces souvenirs, pensant tuer le ver !

Car Valentine avait toujours une partie
Dans ces duos d'amour dévirginisateurs !
Il n'est pas une coupe ou vidée ou remplie
Dans laquelle elle n'ait trempé ses crins pleureurs !

L'agonie auprès d'elle ébauche des sourires ;
Le râle des mourants lui dit : Ma sœur ! (Farceur !)
Car elle a nom Démence, et Luxure, et Délire !
(Noms de guerre charmants, ma parole d'honneur !)

Ah ! les baisers nombreux qui de ses longs doigts roses
Ont à peine effilé le délicat contour,
Auraient depuis longtemps usé le granit rose
Des degrés des palais de nos puissants du jours !

Vous connaissez Marco ? — Ce n'est qu'une flâneuse
Auprès de Valentine ! — Elle a plus absorbé
De Raphaëls que les soldats de Sambre-et-Meuse
N'ont usé de souliers ! — Elle a plus enjambé

Dans ses amours maudits, que ces grands diables d'anges
Qui planent sur les champs de bataille, le soir...

Et ses amants usés sont comme ces oranges
Que jadis mordillait Marco dans son boudoir..
..... Etc., etc.

AUTRE

Sur l'air des Landriry [1].

Voici donc l'hiver revenu
Avec le plaisir inconnu,
    Landrirette,
Avec l'amour qui l'est aussi,
    Landriry.

On va chanter, on va danser ;
Mon Dieu ! que l'on va s'amuser !
    Landrirette,
Sans sa femme ou sans son mari,
    Landriry.

Les théâtres vont se remplir,
Les amours feront reverdir,
    Landrirette,
Les cœurs que l'automne a jaunis,
    Landriry.

[1] Odes funambulesques. — Michel Levy, 1859.

La nuit, au bal de l'Opéra,
Sous le masque on intriguera,
   Landrirette.
Le loup tombe... et l'intrigue aussi,
   Landriry.

Chantons Éros et les Amours.
Tâchons de n'être pas toujours,
   Landrirette,
Interrompu par de Boissy,
   Landriry.

Ah! le bon temps! le bel hiver!
Que le foyer est chaud et clair!
   Landrirette!
Ton cœur l'est-il? — réponds, Mimi,
   Landriry.

Et j'aime mieux chanter cela
Que de dire du mal de la
   Landrirette,
Ou tuer en duel mon ami.
   Landriry.

LOUIS BOUILHET

LES CRITIQUES AUX ÉTOILES [1]

Comme ils n'avaient pas dîné
Tous ces conteurs de sornettes,
Et qu'ils avaient déjeuné
En regardant leurs assiettes,

Assez maussades, le soir,
Dans le Temple où dort Molière,
On les vit venir s'asseoir
Dans un fauteuil de première.

Ils caressaient mollement
Leur menton sec et livide,
Et leurs doigts nonchalamment
Percutaient leur ventre vide.

Soudain l'orchestre pleura;
Et le grand rideau rougeâtre,

---

[1] Imitation d'une pièce de vers intitulée : *le Poëte aux étoiles*.

Que Ciceri décora,
Leur découvrit le théâtre.

Puis des vers mélodieux
Voulurent charmer leur veille...
Quand on a le ventre creux
Hélas ! on n'a pas d'oreille !

Le poëte leur disait :
« Amis ! j'ôte tous les voiles,
» Voyez, l'or de Bénazet,
» Vaut-il l'or de mes Étoiles ?

» Ces vers que j'ai ciselés
» Avec art, sous les grands hêtres
» Pour vous je les ai coulés
» Dans le moule des grands maîtres !

» Ils sont astres, n'est-ce pas?
» Public, banquier des poëtes
» Escompte-moi ces ducats,
» Leurs moulures sont parfaites !

» Et toi, critique si fier,
» Fort peu payé, — sans reproche, —
» Prends-les, afin d'avoir l'air
» De porter le ciel en poche ! »

A Biéville il s'adressa :
— « Prends cet astre et sois aimable! »
— « Mon cher ami, garde ça.
» Ton vers n'est pas escomptable ! »

Sur le seuil du FIGARO
Il fit briller sa pécune :
— « Ah ! répondit Jean Rousseau,
» Ton soleil n'est qu'une lune ! »

A L'OPINION où l'on sait
Qu'on fait de bonne critique...
— « Ah ! lui répondit Sarcey,
» Tes drames sont trop étiques ! »

Il rentra le lendemain,
Dans sa chambre solitaire,
Triste, et froissant dans sa main,
Un compte rendu vulgaire.

Puis le sommeil l'a surpris...
Et du milieu de ses songes,
Il vit sortir MELŒNIS,
Le poëme aux doux mensonges !

Dors, poëte ! Vainement
On caresse les critiques !
Dors, ô divin mendiant,
Sur tes odes poétiques ;

Quelque jour, les directeurs
Verront, si Dieu les y porte,
Des soleils intérieurs
Luire aux fentes de ta porte,

Et leurs mains, que Dieu conduit,
La brisant avec puissance,
Feront de l'humble réduit,
Jaillir un succès immense !

MICHELET

En costume de carnaval
            Nautique,
Bien qu'on ne donne pas un bal,
J'arrive et ris de la critique
            Pas mal !

Tous les ans, costume nouveau
            Me pare :

C'est l'INSECTE ou bien c'est l'OISEAU !
LA FEMME quelquefois m'égare...
        Bravo !

Car la femme est assurément
        SORCIÈRE :
Elle m'enchante constamment !
J'en suis, — qu'elle en soit humble ou fière —
        L'amant !

En tous lieux, je ferai tout pour
        La suivre !
Vous vous souvenez qu'un beau jour
En son honneur je fis ce livre :
        L'AMOUR !

THÉOPHILE GAUTIER

CAMÉE

Je ne suis pas la Muse sage,
Aux blonds cheveux, à l'air tremblant,
Qui sous sa robe sans corsage,
Cache un sein plus que le mien blanc;

Non! je suis la folle arabesque,
Guivre qui tourne au moindre vent,
Tantôt belle et tantôt grotesque,
Huître grise ou corail ardent!

Tantôt, sous des plis granitiques,
Je dresse mon beau profil grec,
Et prends tantôt les traits étiques
Et l'air hébété d'un Aztec !

De visions et de fantômes
J'ai l'esprit obstrué toujours ;
Tous mes créanciers sont des gnomes,
Et mes maîtresses des amours !

J'aime à changer l'ordre des choses,
Ce que l'on pense est trop commun :
Les blonds cheveux, je les fais roses,
Et dis que plusieurs ne font qu'un.

J'ai fait parler un monolithe [1] !
Paradoxal à l'infini,
J'ai comparé l'hermaphrodite
A l'organe de l'Alboni [2] !

J'ai fait la bizarre entreprise
D'être un nouveau Paganini,
Et le carnaval de Venise
Dans mes strophes s'est rajeuni [3].

---

[1] Nostalgies d'obélisques (*Émaux et Camées*).
[2] Contralto (*Id.*)
[3] Variations sur le *Carnaval de Venise* (*Id.*)

J'ai fait de blanches symphonies [1],
Des toiles en alexandrins,
Des gouaches en harmonies,
Des aquarelles en refrains [2]

Bah ! tout se dit en poésie !
Que ne verrez-vous pas encor !
J'ai trouvé la mort dans la vie
Et l'existence dans la mort [3] !

Du théâtre enjambant les planches
Couvert d'un tricorne enchanté,
J'ai retrouvé les robes blanches
Du bon Pierrot ressuscité [4] !...

Maintenant calme, sans envie,
Je vis comme les vieux pachas ;
Trois amours emplissent ma vie :
Mes enfants, ma muse, mes chats !

---

[1] Symphonies en blanc majeur (*Id.*).
[2] Intérieurs, paysages, tableaux, etc. (*Id. Poésies complètes*)
[3] La mort dans la vie, — la vie dans la mort, poëmes (*Id.*)
[4] *Le Tricorne enchanté.* — *Pierrot posthume.* (Théâtre de poche).

RENARD (*de l'Opéra* [1]).

Je suis le pauvre pèlerin,
Je suis le courageux trouvère !
Je chante sur le grand chemin
Des affranchis de la misère ;
Je chante chez des gens de foi,
Chez les laborieux peu chiches
De rompre le pain avec moi !
J'ai même chanté chez les riches !

Jusqu'à la fin je chanterai !
Car, amis, tant que je plairai,
Malgré les critiques sévères...
Mes chants ne m'appartiennent pas ;
Ils sont à tous ! Ils sont, hélas !
Aux pauvres artistes, mes frères !

---

[1] Vous vous rappelez cette voix sympathique exilée trop tôt de l'Opéra. — Aujourd'hui cet excellent Renard chante par-ci, par-là, à droite, à gauche, toujours serviable, toujours dévoué. — Pourquoi ne le retient-on pas quelque part ? — Hélas ! il n'y a que les bravos qu'on ne lui marchande pas.

BABINET

CONFÉRENCE

Vous allez tout savoir, ne m'interrogez pas !

Je ne veux pas vous prédire le beau temps et la pluie comme M. Mathieu de la Drôme.

Non ! Autre chose !

J'acclimate !

L'acclimatation, tout est là !

Acclimatons les fourmis dans les jardins, les moineaux dans les cerisiers, les grives dans les vignes, et les phoques dans les bassins de nos jardins.

Les phoques du lac Baïkal, — ce sera suffoquant ! (*Oh !*)

La science ! On en rit aujourd'hui ! On a bien tort !

La science, c'est la vie, c'est tout !

Voyez, d'ailleurs !

A la Bourse, qu'est-ce que la hausse ? — sinon un *mascaret*... une *grande marée* !

Et une faillite ? — sinon une *éclipse !*

Au théâtre, les premiers sujets se nomment des *étoiles !*

On dit d'un banqueroutier qu'il a fait *un trou à la lune !*

Quand vous allez au bal, mesdames, vous êtes *constellées* de diamants ! On peut comparer vos épaules à la *voie lactée !*

Dans les affaires commerciales, un billet qui tombe le samedi est *bissextile,* puisqu'on a un jour de plus pour le payer.

Enfin, pour se garer des surprises du cœur, la science l'appelle *un viscère*, ce qui permet à un moment donné de dire qu'on n'a pas de ces choses-là.

Ne raillez donc plus les savants et laissez-moi poursuivre en paix mes essais de PHOCOCULTURE [1].

---

[1] A cette époque, M. Babinet élevait des phoques au Jardin d'acclimatation. — On y conduisait les enfants qui apprenaient de ceux-ci à dire papa!

ALPHONSE KARR

BOUQUET PASTICHE

C'est la guêpe qui parle.

O fleurs que j'aime tant ! tulipes diaprées,
Cactus aux rouges fleurs, de piquants entourées,
Larges soleils, petits asters, myosotis,
Camélias, rosiers du Bengale sortis,
Anémones, dahlias, clématites, jacinthes,
Gobéas, lis dorés, amères coloquintes,
Pâquerettes, lilas, campanules, bluets,
Violettes, crocus, balsamines, œillets,
Vous toutes, chères fleurs, roses, jaunes ou blanches,
Nourrissez-moi, je suis la guêpe des dimanches.

Vous me reconnaissez sans aucun doute, car
Mon maître est votre ami, — j'ai dit : Alphonse Karr !
Vous venez de le voir, vous arrivez de Nice !
Mais j'y songe ! qui sait si par quelqu'artifice
Il ne s'est pas caché dans vos calices d'or ?
O tulipe ! voyons, livre-moi ton trésor ?

(La tulipe s'entr'ouvre.)

Tu le caches aussi peut-être, belle rose ?

(La rose s'entr'ouvre.)

Et vous, marbres vivants sur lesquels je me pose,
Camélias, voyons, bien vite... écartez-vous !

(Les camélias s'entr'ouvrent.

Karr pouvait-il choisir un oreiller plus doux ?
Il est dans vous ! c'est lui, votre hôte et votre maître.
S'il vous donne la mort, il vous donne aussi l'être
Et ce soir, disposant de votre liberté,
Il veut que vous pariez le sein de la beauté.
Allez donc ! parfumez, charmez, fleurs enivrantes !
Moi, je m'envole et vais consoler les absentes !

Cueillez les fleurs, cueillez les roses,
Je pars ! — Je vais aux champs fleuris,
Choisir dans d'autres fleurs écloses,
De nouveaux nids !

En buvant le miel des calices
Puissé-je perdre la raison...
Je m'en vais goûter les prémices
De la saison !

Adieu Paris, adieu soirées,
Adieu lustres étincelants!
Plus de toilettes admirées,
  Bijoux brillants!

Le soleil fait d'autres parures!...
Plus d'opéras, plus d'airs nouveaux,
Les bois dans leurs vertes ramures
  Ont les oiseaux!

Ils ont des chanteurs! des poëtes,
Des critiques bouffes aussi...
Ils ont, sous des ombres discrètes
  Des Pupazzi!...

Cueillez ces fleurs charmantes comme
Celles que je vois les cuillir [1],
Toutes n'ont qu'un nom... — on les nomme
  Le souvenir!

---

[1] Ces vers ont été improvisés pour une soirée chez M. le baron de C...
Il y a deux ans. Pendant que je les récitais, une corbeille remplie des fleurs du jardin d'Alphonse Karr passait dans le salon, et les dames se partageaient les merveilleux bouquets qu'elle contenait. Cette soirée eut lieu le 1 mai 1864 la veille du départ pour la campagne de M. le baron de C...

VICTORIEN SARDOU.

REVUE CRITIQUE

Je suis l'auteur de la *Taverne* ;
Mon début n'eut pas de succès,
A cette époque, je n'avais
Que le fusil et la giberne ;
J'étais soldat ! — En général,

On dit qu'en partant pour la guerre,
Au fond du sac, le militaire
A le bâton de maréchal!

— De l'avoir, je me crus capable,
Je partis en guerre et je n'eus
Que des dédains et des refus...
Alors je me vendis au diable!
— Le premier, — l'on s'en souviendra, —
Était un joli diable rose;
Vous le connaissez, je suppose,
On le nommait *M. Garat!*
La rose est bon pour la rosière.
Mon diable était trop vertueux!
Je l'envoyai droit à Nanterre!
Et j'invoquai les *Diables b'eus*.
Avec des transports unanimes,
Ils accoururent aussitôt.
J'en fis mes amis, mes *Intimes!*...
Ils dictèrent *Piccolino!*
L'esprit qui sortait par leur bouche
Dans mes *Ganaches* je le mis,
Et dans *la Papillonne*, et puis
Encor dans les *Pattes de Mouche!*
La fortune me caressa,
Les honneurs vinrent à sa suite.
Faut-il le dire? Hélas! bien vite
Ce bonheur conquis me lassa!
Je voulus plus! Ceux qui prospèrent
Sont insatiables! Un soir,

Les diables d'azur s'envolèrent...
Et j'invoquai les *Diables Noirs!*

. . . .

. . . .

Ainsi se passa ma jeunesse!
Maintenant je suis *Vieux Garçon!*
Le Succès, joli polisson
De l'Opéra, vient, me caresse
Et me dit : « Va, je te connais? »
— Qui donc es-tu, toi qui me parles
— « Moi! cher? Je suis le vrai succès! »
— Sardou, tu viens de *tuer Charles* [1] !

---

[1] Allusion à une phrase du rôle de Lesueur dans les *Vieux garçons*.
— Il manque une strophe, mais Fanfan Benoiton ne parlait pas encore.

PONSARD

TRAGÉDIE BOURGEOISE

Je suis le Dieu Ponsard aux tragiques colères
Dont on ne pleure plus et que l'on ne craint guères.
Or, je vais vous parler des Grecs et des Romains.
Donc, *Plaudite, cives !* ou bien battez des mains !
Mon genre, c'est celui de notre vieux Corneille !
Mais, ainsi que l'on voit l'industrieuse abeille
Faire un miel des plus doux avec le suc des fleurs,
De même, de Corneille empruntant les couleurs,

Je peins la Rome antique et sa rude noblesse
En vers rudes autant que rude était Lucrèce !
Racine me déplaît par ses vers doucereux ;
Pour moi, j'aime un vers lourd, qui se traîne, glaireux ;
Et pour mieux l'ajuster, *je vais puiser dans l'urne*
L'huile qui doit brûler dans la lampe nocturne,
Les heures du repos viendront un peu plus tard,
La nuit n'a pas encor fourni son premier quart [1],
C'est dans ces longues nuits, exemptes de mollesse,
Que jadis j'écrivis mon chef-d'œuvre : Lucrèce,
Agnès de Méranie et Charlotte Corday,
Ces drames palpitants que le siècle attendait !
Plus tard... — Pardonne-moi, divin chantre d'Achilles,
Homère ! si j'ai pris une de tes deux filles [2]
Pour la parodier au Théâtre-Français,
C'est aux chœurs des Porchers que je dus mon succès ! —
Je peignis les bourgeois, leurs mœurs, leur caractère,
L'artiste, les amis du riche, le notaire...
Et fus dans ce travail assez intelligent,
Pour qu'il me produisît et l'Honneur et l'Argent !
Mais depuis !... mon talent remonta vers sa source...
On en a vu le fond... dans le fond de ma Bourse !
Mon Dieu, que voulez-vous ? La Muse, chez les uns,
Fait hors du droit chemin des bonds inopportuns ;
De la mienne on dira comme de la Romaine :
« *Elle vécut chez elle et fila de la laine* [3]. »

---

[1] *Lucrèce*, acte premier, scène première.
[2] *Ulysse*, tragédie avec chœurs, musique de Gounod.
[3] Vers de Lucrèce.

Chacun son lot : Dumas fait cent romans par jour,
Tandis que moi, morbleu ! mon génie est trop court [1] !

---

[1] Vers de l'*Honneur et l'Argent*. — Le *Lion amoureux* n'avait pas encore été joué.... quoique.... mais.... si,... enfin !!!!

FÉLICIEN DAVID

Sur l'air des Hirondelles

Voltigez, ma chamelle,
Voltigez dessous moi,
Vous qui n'avez pas d'aile,
Vous me serez fidèle,
Je le croi

Chamelle au blond pelage,
Fends le sable... fends l'air!
Dans notre long voyage
Redoute le mirage...
    Crains Wagner!

VIENNET

FABLE

Croyez-vous que je sois capable
De vous composer une fable
Quoiqu'étant académicien ?
— Oui ? — Pour lors écoutez-moi bien !

LES DEUX BOSSUS

FABLE

Deux bossus, se trouvant un soir
   Placés entre deux glaces,
   Se virent si cocasses,
Qu'ils riaient, dame! il fallait voir!
— De quoi ris-tu, frère Mendoce?
— Mais de ta bosse apparemment!
Et toi? — Je ris semblablement
      De ta bosse!

Le public est frère Mendoce;
L'artiste, c'est l'autre rieur;
Le public ne voit pas sa bosse,
Mais il voit celle de l'acteur!

AURÉLIEN SCHOLL

Voyez, à la promenade
    Se balade,
Dans son nouveau tilbury,
Scholl à la blonde moustache
    Où s'attache
Plus d'un cœur qu'il a meurtri.

Son alezan se balance,
    Piaffe et danse,
Chacun le regarde au bois,
Et le soir au clair de lune
    C'est chacune
Qui l'admire en tapinois.

On voit les *Esprits malades*
    Ou maussades,
Se le montrer au lointain
Et la mignonne *Denise*,
    S'est assise,
Pour le voir, près du chemin.

Oui tous !... ou plutôt non... toutes,
    Dans les routes
Qui conduisent à Saint-Cloud,
Rencontrent son équipage,
    Font tapage...
C'est absurde ! Et voilà tout !

Laissez passer sans rancune
    La fortune
En un jour tombant du ciel,
Laissez passer la jeunesse,
    Dont l'ivresse
Est douce comme le miel.

Ne raillez pas !... Je vous jure,
    La voiture
Tôt où tard nous attend tous ;
Ceux qui l'ont tôt, vont plus vite,
    Au grand gîte !
Pourquoi donc être jaloux ?

Va donc! Scholl! et que l'on prône
Le *Nain Jaune*[1] ;
Qu'on s'abonne à ton journal,
Et ris-toi de la critique,
Qui te pique
Mais qui ne te fait pas mal.

[1] Le *Nain Jaune,* alors à lui, mais depuis...

MADAME LOUISE COLET

ODE

DESTINÉE A ÊTRE COURONNÉE PAR L'ACADÉMIE

Le front ceint par cent fois d'un laurier perpétuel,
Quelle est cette déesse à la tempe fleurie?
— C'est Louise Colet, — lauréat immortel
    De l'immortelle Académie!

I

Ah! dit-elle tout inspirée,
De patriotisme enivrée,
Je veux chanter! je veux chanter!
Ce n'est plus le moment de rire,
J'ai des batailles à vous dire,
Des épisodes à décrire...
J'ai des hauts faits à raconter! -

Gare là! ma chaudière fume!
Car, dans ma tête, un gros volume

Est toujours en enfantement!
Guerriers! lauriers! gloire! victoire!
Nobles rimes de notre histoire!
Voici la strophe invocatoire !
Accourez à moi promptement!

II

Ah ! que le rôti brûle et vivent nos guerriers !
Laissons tourner la sauce et chantons nos conquêtes.
La grande Académie a toujours des lauriers
   Pour le front des femmes poëtes ! ! !

GUSTAVE DORÉ

Si vous croyez que je vais dire
Ce que je fais,
Et que je m'en vais vous décrire
Tous mes succès,
Votre croyance est colossale !
Vous m'entendez,

Ce que je veux, c'est la timbale
Que vous voyez !

Et pour gravir ce mât qu'au sortir du collége
Je regardais déjà d'un regard envieux,
En montant lentement, doucement je m'allége
Et jette mon bagage aux pieds des curieux.
D'abord tous ces croquis du vieux *Journal pour rire*,
Puis *Rabelais*, *Balzac*, et puis le *Juif errant*,
Fierabras et combien que je ne puis vous dire,
Tant le nombre en est grand !

Vous avez vu tomber de mon crayon docile
Après cela : *Perrault*, le *Dante* et puis encor
Don Quichotte et Sancho ! — La route est plus facile,
Le But ! je veux l'atteindre avec le Livre d'or :
La *Bible !* — et c'est alors que prenant la timbale,
Puis au sommet du mât faisant le bras de fer...
Ainsi que Léotard, gymnaste que j'égale
Je partirai dans l'air !

ARSÈNE HOUSSAYE

SENTIER PERDU

Fille d'esprit, quoiqu'un peu gauche,
Je suis la poétique ébauche :
Chez moi, rien n'est vraiment complet;
Sentier perdu de poésie,
C'est toi que mon âme a choisie
Pour s'y reposer en secret.

Là, du *Cantique des cantiques*
Ou bien des *Poèmes antiques*

J'aligne les vers deux à deux;
Ou bien, ô *Cécile*, ô *Sylvie*,
J'adresse sur l'herbe fleurie
Mille fadeurs à vos beaux yeux!

Je reviens, et de ma fenêtre
J'écris quelques vers dont, peut-être,
Un beau jour je prendrai le deuil;
Puis, songeant à l'Académie,
Je trace la biographie
Du quarante-unième fauteuil!

Petits vers, poèmes antiques,
Romans, études historiques,
Quoique incomplets, tous applaudis.
Quel est le nom que vous me faites?
Suis-je le dandy des poètes,
Ou le poète des dandys?

VICTOR HUGO

ODES

Bon appétit, messieurs! Aimez-vous le poison,
Les trappes, les poignards, voleurs dans la cloison,
    Bandits, burgraves, courtisanes?

C'est moi, Victor Hugo, qui vais vous en servir !
Moi, qui chantais jadis les combats de l'Emir
   Et les cous voilés des sultanes !

J'aime à faire pâmer d'effroi, les soirs d'hiver,
Ou la marquise brune ou bien son chasseur vert
   Qui domine la galerie ;
J'aime l'accolement du laid avec le beau,
Du noir avec le blanc, de la flamme avec l'eau,
   Et de la mort avec la vie !

Oh ! raillez ! raillez-moi ! vos injures s'en vont
Maculer mes souliers sans monter à mon front
   Si vaste que c'est tout un monde !
Je suis le chef d'école et non pas l'écolier
Suivant son professeur dans le boueux sentier
   Où croupit le classique immonde !

II

DRAMES

Regardez ! — celui-là, c'est Ruy-Blas, le valet !
Né pauvre ; qu'un beau jour un grand seigneur a fait
Riche ! — et que le génie a fait grand et sublime !
Voici dame Lucrèce, un démon ! c'est le crime

Fait femme ! A ses côtés, monsieur le podesta
ANGELO veut tuer dame Catarina !
Voici LE ROI S'AMUSE et MARION DELORME !
L'un toujours escorté d'un petit nain difforme,
Appelé Triboulet ; et l'autre se traînant
Aux pieds de Richelieu, le ministre sanglant !
La TUDOR ! — Le cœur des femmes est plein de laves !
Regardez bien ceux-ci, car ce sont mes BURGRAVES !!!

Eh bien, classiques froids, regardez mes enfants !
Applaudis ou sifflés, ils sont tous triomphants
      Devant l'avenir, leur seul juge !
Corneille est leur aïeul, Shakspeare leur parrain ;
Et je les ai conçus sur un si haut terrain
      Qu'il eût dominé le Déluge !

III

CONTEMPLATIONS

Tous ces héros de ma pensée
M'ont dit alors : Repose-toi !
Ta terre est bien ensemencée,
Ta moisson germera pressée
Dans le cœur des hommes de foi !

Ainsi, dans la lande stérile,
Laboureur, plein de volonté,
Tu te dis : Je rendrai fertile
Cette plaine où l'herbe inutile
Jaunit sous les feux de l'été;

Et défrichant avec la houe
Le sol rebelle à ton labeur,
Ta volonté de fer se joue
De la terre aride et la troue
Pour y semer un blé vainqueur !

Puis un jour, au bout de la lande
S'arrête un passant affamé
Qui, voyant ta moisson si grande,
A chaçun aussitôt demande :
Quel est ce blé ? qui l'a semé ?

Oublieux ! — Demande à l'Étoile,
Au Bosphore aux reflets luisants,
A Celle qui leva son voile,
A l insecte à la fine toile ;
A l'ortie aux baisers cuisants!

Demande aux bluets de la plaine;
Aux arbres, aux fruits du verger,
Au Sultan à la peau d'ébène,
Demande encore à Madeleine,
Qu'adorait le comte Roger !

Demande à toutes les pensées,
A tous les cœurs demande encor
Qui, dans ces plaines délaissées,
Au lieu de ronces enlacées,
Fit germer ces beaux épis d'or!

Tous te diront : c'est le poète!
Ainsi l'ignorant, en tout lieu,
Demande qui fit la tempête
Et l'astre qui luit sur sa tête,
Et chacun lui répond : c'est Dieu!

IV

LÉGENDE DES SIÈCLES

Oh! l'éblouissement splendide et ténébreux,
L'épanouissement des monstres vigoureux,
Qui, dans l'effluve amère, agitent leurs membranes!
On entend sous les flots s'entre-choquer les crânes!
O vie! ardeur! amour! harmonie! ô ciel bleu!
O profondeur de l'âme! ô cratère de feu!
O chaleur! ô semence errant dans l'altitude!
Isolement grave au sein de la multitude.
O nature! Toute ombre a le jour pour envers!
..... Il faisait cette nuit bien froid au fond des mers!

V

LES MISÉRABLES

C'est alors que Jean Valjean dit à Cosette :

— Si tu veux, *dévidons le jars* [1] pour n'être pas compris par nos *larbins* [2].

L'adorable enfant répondit :

— *Ça me botte* [3], mais voilà la *sorgue* [4] qui arrive... *baladons*-nous [5] dans le jardin et, quoique j'aie les *trottines feuilletées* [6], j'aime à jouer du *chiffon rouge* [7] avec toi, mon père.

— Ah! répondit Jean Valjean, laisse-moi te regarder encore avant d'*épouser la veuve* [8]!

Ils sortirent et l'ombre devint lumière, et tout ce

---

[1] *Dévider le jars*, parler argot.
[2] *Larbins*, domestiques.
[3] *Ça me botte*, ça me va.
[4] *La sorgue*, la nuit.
[5] *Se balader*, se promener.
[6] *Trottines feuilletées*, souliers percés.
[7] *Jouer du chiffon rouge*, causer.
[8] *Épouser la veuve*, mourir.

qui était bon dans la nature : la vipère, le crapaud, le ver de terre, rampèrent sur les orties du chemin et léchèrent la trace de leurs pas.

ALFRED DE CASTON

IMPROVISATION MNÉMOTECHNIQUE

1815 !! A cette époque, un homme franchit la mer ! Il débarque à Cannes et s'avance à marches forcées sur Paris !... Cet homme, c'est l'empereur Napoléon Ier. Il venait ressaisir un pouvoir qu'il avait laissé échapper !

— Napoléon en 1815 se trouve en face de deux adversaires : — les Rois coalisés et les peuples réclamant la liberté. Vainement le héros a fait le tour du monde semant sur son chemin des royautés passagères et des libertés éternelles. Le Code Napoléon, — la loi fondamentale de 1789 ne sauva pas l'autocrate, et le grand vainqueur devient un sublime vaincu.

— Messieurs, écoutez-moi bien, je ne vous fais pas un cours d'histoire. Je souligne une date, voilà tout !

1815! — En Autriche, le duc de Reichstadt, — Napoléon II.

En Belgique, aux Pays-Bas plutôt, Guillaume, — prince d'Orange-Nassau.

En Angleterre, — George III.

En Danemark, — Frédérick VI, qui venait de perdre la Norwége...

En Russie... Alexandre Ier qui s'empare des deux tiers de la grande Pologne... de cette Pologne qui aujourd'hui verse son sang...

— Pardon, monsieur, mais si vous parlez tout haut, il me sera impossible de concentrer ma mémoire.

... Je parlais de la Pologne... aujourd'hui couverte de faux, de fusils, de piques... Pique! La dame de pique, — n'est-ce pas, monsieur?

JULES JANIN [1]

I

ÉVANGILE SELON SAINT JULES

In illo tempore, J. Janinus dixit discipulis suis !... Ego sum princeps criticorum et amicus juventutis.

[1] Costume d'Horace, — qui n'était pas de l'Académie.

Juventus sæpe me dixit :
Dignus es entrare
In academiæ corpore.
Et ibo,
Et ibo,
Et ibo in academiam.

II

DISCOURS ANTICIPÉ

Hélas ! j'avais fait un rêve ! — Quel rêve ? Un rêve étrange, impossible, inouï, charmant, merveilleux !

Je m'étais cru de l'Académie et je faisais mon discours de réception !

« Messieurs ! — disais-je — permettez-moi avant tout de vous remercier de l'honneur de me trouver en votre illustre compagnie ! — Ici, je me crois en plein dix-huitième siècle ! — Beau siècle, ma foi ! que le dix-huitième ! Les grands hommes de l'Encyclopédie ! — L'Encyclopédie ! voilà une chose que je n'ai jamais pu comprendre ! Quelle réputation usurpée ! — Voilà une singulière chance que la réputation ! — Imaginez-vous qu'un jeune homme plein d'avenir vient à Paris pour se livrer aux arts... — En passant, deux mots sur l'art. — Nous voyons avec peine le peu de respect que l'on a pour les artistes ! — Vous vous promenez sur le boulevard des Italiens, naguère appelé boulevard de Gand... Quelle singulière manie l'on a de changer ainsi le nom des rues ! — En parlant de rues, félicitons la municipalité du soin qu'elle prend de les faire agrandir... Pour notre compte, nous en sommes enchanté, etc., etc. »

Comme vous voyez, c'est avec une grande délicatesse que je parle de mon prédécesseur !... Je me suis réveillé... l'aube naissait, — les oiseaux chantaient dans les bosquets de Tibur, — non de Passy ! — les lilas embaumaient, l'air était frais et doux, mon Horace sur ma table avait entr'ouvert ses feuillets et je lus : « *Beatus ille qui procul negotiis...* »

Allons ! dis-je, Horace n'était pas de l'Académie !

H. DE VILLEMESSANT

MÉMOIRES

Je connais mes lecteurs, comme si je les avais faits, ils vont se dire : des mémoires de Villemessant, cela va être gros d'anecdotes, de scandales, de révélations ! Abonnons-nous !

Et ils s'abonnent.

L'abonnement fait, j'interromps mes mémoires.

J'occupe mes lecteurs qui finissent leur abonnement avec différents changements dans le ministère de la chronique, et, un mois avant les renouvellements, je me rappelle l'histoire du mandarin.

Vous savez ce mandarin inconnu, ignoré, peut-être encore dans le néant, tué à des millions de lieues, par une simple volonté, par un désir, et dont la mort sauve votre situation.

Quoique je ne sois pas un lovelace, l'idée du mandarin a amené l'idée de la mandarine.

De la mandarine à ma prime, il n'y a que l'épaisseur d'une peau d'orange.

Voilà le nouvel événement de l'*Evénement !*

Mais bah ! je vous en réserve bien d'autres, et que Millaud se tienne bien.

Ah, à propos, je vous présente un nouveau rédacteur.

M. ***. — Je vous dirai son nom quand il ne sera plus chez nous. — Dites donc, Jouvin, elle est bien bonne !

LOUIS VEUILLOT

PRIÈRE

I

VEUILLE, o Seigneur, exaucer ma prière !
VEUILLE, o mon Dieu, condamner Béranger,
Et VEUILLE AUSSI ressusciter Voltaire
Pour que je puisse à la fin l'égorger !
Si vous voulez, mon Dieu ce sera fait !
Pour les besoins du culte, s'il vous plaît !

II

VEUILLE, o Renan ! entonner des cantiques
Pour célébrer le divin Fils de Dieu !
Et VEUILLE, o Dieu ! souffrir qu'à coups de triques,
Les faux croyants soient chassés du saint lieu !
Si vous voulez, mon Dieu, ce sera fait !
Pour les besoins du culte, s'il vous plaît !

III

C'est moi qui suis le SUISSE DE L'ÉGLISE !
Chassant les chiens, arrêtant les filous ;
VEUILLE, o Dieu ! que mon zèle les conduise
Sans dire amen seulement près de vous !
Si vous voulez, mon Dieu, ce sera fait !
Pour les besoins du culte, s'il vous plaît !

MAITRE LACHAUD

AFFAIRE ARMAND-ROUX [1]

Messieurs, je ne voulais pas prendre la parole, mais la bienveillance de mon éminent confrère en a décidé autrement.

Du reste, maintenant, messieurs, vos convictions sont formées, et je n'ai plus guère qu'à résumer les débats. — Les faits, vous les connaissez.

Le 7 avril, Martin a été trouvé au fond d'un puits, bâillonné, garrotté et percé de vingt-cinq balles. — La femme Durand, qui va chercher de l'eau pour ses besoins domestiques, ramène à l'orifice du puits ce

---

[1] Cette cause célèbre a fait naître l'industrie des Davenport.—Aujourd'hui, les ficelles sont à la portée de tout le monde.

malheureux, qui ne reprend ses sens que vingt-quatre heures plus tard, et après avoir tour à tour simulé la dyspepsie, la gastralgie, l'apoplexie et la catalepsie, cette prétendue victime accuse qui ?... Anatole ! son patron !

On suppose d'abord qu'il est fou ! Mais on lui fait répéter cette déclaration, et Anatole est arrêté ! — Aussitôt l'instruction se poursuit, et peu à peu, en la débarrassant des accessoires indispensables, que ressort-il de l'affaire ? — Que Martin, jaloux de la fortune d'Anatole et voulant lui soutirer de l'argent, s'est percé de vingt-cinq balles, s'est bâillonné, s'est garrotté et s'est jeté au fond d'un puits. — Les médecins vous l'ont dit, la chose est possible ! Ces princes de la science ont fait des expériences sur des chiens, sur des chevaux, sur eux-mêmes, et il est resté acquis aux débats que l'on peut parfaitement bien se tirer vingt-cinq balles dans le corps, — pourvu qu'il n'y en ait pas de mortelles ! — se garrotter les bras et les jambes, et se jeter dans un puits, sans avoir besoin d'un secours étranger.

Au moment où je parle, la France entière, l'Europe

même, les grands-papas, les petits enfants, les bonnes d'enfants et les militaires font des expériences à notre intention, et il n'y a pas un seul puits en France d'où ne soit sortie la Vérité !

Que penser de cet homme ? ce misérable Martin ? ce comédien ! Porte-Saint-Martin ! Gaîté ! Déjazet! Lazari ! *comédiante ! tragédiante !* menteur !

Et maintenant, messieurs, croyez-vous qu'au moment où je m'assieds, je garde la moindre inquiétude, croyez-vous que je vais essayer de vous arracher des larmes ?

Non ! non ! *Nous vendons quelquefois notre piano* [1], quand nous sentons n'avoir pas bien convaincu le jury ; mais ici, je n'ai pas besoin de cette ficelle ! — Anatole sortira de cette enceinte, non-seulement acquitté, mais encore aimé de tous ; — il reprendra son commerce, il reverra sa femme, ses enfants, sa vieille bonne, qui est en même temps sa nourrice, et ses clients qui ont fait sa fortune et qui vont la doubler désormais !

[1] STYLE BENOITON. Vendre son piano. — *Pleurer*. — Allusion à la pièce de *Pauvre Jacques* où Bouffé était attendrissant.

AUTRE PLAIDOYER

Monsieur le président, je viens vous demander la remise à huitaine... du reste, si le tribunal l'exige, je suis prêt à plaider...

(*Le président s'incline, M° Lachaud continue.*)

Messieurs! jamais cause plus intéressante n'a été présentée devant vous. Voici un homme qui, comme l'a dit fort éloquemment M. le procureur impérial, a tué sa femme à coups de sabot, ses enfants à coups de soulier et ses neveux à coups de chausson ! — Nous ne nions pas le fait! Mais nous vous ferons cette question : Avec quoi voulez-vous que nous eussions commis ces meurtres? L'accusé est cordonnier.

Il y a évidemment là-dedans une circonstance atténuante qu'appréciera le jury.

Quant aux gâteaux, messieurs, — nous en avons goûté ! — ils n'étaient pas empoisonnés ! Oh ! malheureuse femme [1]!...

---

[1] Réminiscence du procès Lafarge, début brillant du célèbre avocat.

Je rentre dans la question ! Oui, messieurs, l'accusé est coupable... coupable et inexcusable ! Mais je le demande à vous tous, messieurs les jurés, à vous qui êtes tous ou presque tous pères de famille, si vous aviez, par une circonstance ou par une autre, perdu votre femme, vos enfants et vos neveux, — et si vous aviez, comme tout le monde, quelque chose à vous reprocher, ne vous trouveriez-vous pas assez punis par ces pertes successives, — même si vous les aviez provoquées ! — et dans votre abandon et vos remords ne trouveriez-vous pas un supplice plus grand que tous ceux inventés par la justice humaine ?

— Si votre cœur dit oui, acquittez-nous !—Acquittez-nous, car nous pleurons, messieurs, et nos remords sont éternels ! — En abréger la durée, c'est l'absolution !... et nous sentons si bien notre indignité, que nous vous demandons l'acquittement pur et simple pour jouir ensuite d'une existence déflorée par le crime !...

L'acquittement, c'est notre punition !

ÉMILE AUGIER

PORTRAIT

Prenons le vers brutal et disons qui nous sommes :
— Un poète comique, un observateur d'hommes,
Un critique de mœurs! — Sachez-le, — nous avons
Horreur des gens tarés, horreur des faux renoms,
Des hommes en plâtras et des femmes en plâtre....
Nous les traquons partout, à la ville, au théâtre

Et nous les écrasons du poids de nos mépris!
Nous avons emprunté le fouet de Némésis,
La verve de Régnier, le rire de Molière
Pour chasser...! Notre chasse est à l'*Aventurière*,
Aux femmes sans pudeur, aux cœurs trop tôt blasés,
Aux jeunes gens sans âme, aux vieillards méprisés....
Pour écheniller l'arbre où cette engeance grimpe,
Nous les tuons avec le pistolet d'*Olympe* [1]*!*

[1] Le pistolet du *Mariage d'Olympe* n'a pas raté comme celui des Goncourt.

LES ALEXANDRE DUMAS

L'AMI DES FEMMES

DUMAS PÈRE.

Ah! c'est toi, Alexandre! viens que je t'embrasse de la main, de la plume et du cœur!

DUMAS FILS.

Mon père!

DUMAS PÈRE.

D'où viens-tu? Que fais-tu? Parle-moi, que j'entende ta voix!

DUMAS FILS.

Je viens... je viens de faire jouer l'*Ami des Femmes*!

DUMAS PÈRE.

Corbleu! L'*Ami des Femmes!* Comme tu y vas! L'ami des femmes! mon Alexandre! mais c'est toi! toi seul! Tu t'es mis en scène, tant mieux! Il faut toujours sacrifier à l'art ses plaisirs et ses souffrances. Raconte-moi ta pièce... Je la sais d'avance, mais raconte-la-moi.

DUMAS FILS.

Ce que j'ai voulu faire, c'est moins peindre un tableau qu'exprimer une idée sociale!

DUMAS PÈRE.

En ceci, je t'approuve! — Nous vivons dans une époque où il n'y a de sociales que les idées! — Poursuis! La fable?

DUMAS FILS.

La fable la voici : Une femme...

DUMAS PÈRE, *l'interrompant.*

N'achève pas! je vais te la raconter. — Il y a une femme, n'est-ce pas? Partout où est la femme, il y a de la passion ; partout où il y a de la passion, il y a un homme ! — Un honnête homme, n'est-ce pas ? — Partout où il y a un homme, il y a un ami. — Ne m'interromps pas ! — Toi, tu as fait un homme sans amis mais avec des amies ! — Très-bien ! — Il conseille ! — il dirige ! — il conjure ! — il ordonne !.. Les femmes obéissent ! — Laisse-moi tout dire ! — Et des mots ! tu as jeté de l'esprit, de l'or là-dessus ! Cela brille ! cela scintille ! cela éblouit comme les rios de la Californie, comme les chapes d'évêques, comme les écrins de femmes ! Ah ! mon Alexandre ! « *la belle ! la grande chose que l'art ! Et que l'art est bien plus fidèle qu'une maîtresse, bien plus dévoué qu'un ami, bien plus consolant qu'un confesseur.* — Voilà ta pièce, tu vois bien que je la connaissais !

DUMAS FILS.

Eh bien non ! ce n'est pas cela.

DUMAS PÈRE.

Alors parle !

DUMAS FILS.

Une jeune fille se marie et reste jeune fille! Un jeune homme l'épouse et se voit obligé de rester garçon. Après mille hésitations, la jeune fille s'aperçoit que ce qui lui manque c'est un mari et elle reprend le sien, et le mari...

DUMAS PÈRE.

Le mari?

DUMAS FILS.

Le mari reprend avec joie sa femme qui jadis sortant du couvent n'avait pas fait toutes ses humanités et qui maintenant, — à l'aide d'un préparateur au baccalauréat ès cœurs, — est capable de subir avantageusement ses examens.

DUMAS PÈRE.

Mais l'*Ami des femmes*?

DUMAS FILS.

C'est le préparateur.

DUMAS PÈRE.

Et le préparateur : c'est toi ! Ah ! mon fils ! il te sera beaucoup pardonné parce que tu auras beaucoup aimé ! Allons ! adieu, Alexandre ! A toi hier ! à toi demain ! à toi toujours !

NADAR

BIOGRAPHIE

Pour bien vivre, il faut travailler.
Menons une existence large;
Tout en *bûchant* à l'atelier,
    A moi la Charge!

Mes souvenirs heurtent mon front,
Je pourrais en faire un volume,
Tant pis pour les gens qui riront !...
    A moi la Plume !

Mais l'éditeur devient rétif
Au lieu de lui donner *la claque*,
Emparons-nous d'un objectif...
    A moi la Plaque !

Maintenant faisons des jaloux
Et devant la foule accourue
Dans un ballon envolons-nous...
    A moi la Nue !

Mais quoi !... Tout croule en un instant ?
Non pas ! — Dieu me sera propice !
Relevons-nous ! Et maintenant
    A moi l'Hélice !

LES [MATHIEU

I

MATHIEU DE LA DROME

Vous voulez savoir le temps qu'il fera demain? — Je vais vous le dire! — En l'an 734 avant J.-C. — le 2 avril, il faisait beau temps. Donc il doit faire beau temps en l'an 1864 *post Christum*. Où ça? — Ah pardon! vous m'en demandez trop! Où ça? N'importe où? Quelque part! — Mais vérifiez, je suis sûr de moi... Je procède par analogie... Du reste, j'ai résumé mes prédictions dans un couplet dont l'air est populaire.

Air du *Pied qui remue*.

En *Janvier*, du froid,
En *Février*, de la pluie,
D'prendre un parapluie
Dans le mois d'*Mars* on a droit!

Avril pluvieux, — *Mai, Juin, Juillet, Août, Septembre* désastreux.

Inondations, — frictions, fluxions, congestions et consultations.

Octobre, un peu d'beau temps
Qui continue jusqu'à *Novembre;*
Puis du mois d'*Décembre*,
On a d'la pluie jusqu'au printemps!

En *Janvier*, du froid,
En *Février*, de la pluie;
Oui, toute la vie,
Le mois de *Janvier* est froid.

II

MATHIEU DE LA NIÈVRE

Du champagne! Des vers ! et des astres! Du champagne jeune! des vers vieux et des astres brillants. Buvez l'un, admirez les autres, je vais vous réciter des vers. — La poésie, c'est l'avenir! Quand j'étais jeune, je disais: La poésie c'est le passé! Cela prouve que la poésie est éternelle !

PAGE DÉTACHÉE DE L'ALBUM D'UNE DAME[1]

BALLADE

Cettuy matin, me pourmenant au bois
Où d'aultres fois, ardois en ta présence,
Je me disois: « Hélas! je le cognois
« Le mal causé par cruelle oublyance! »

Les arbres secqs, d'un air mélancholique
Dodelinoient de leur chief despouillé ;

---

[1] Pastiche des ballades du seizième siècle.

Du renouveau la verdastre tunique
Ores n'avoit préz et champs habillé.

Les merles noirs, las! se mocquoient de moy
Doulcettement, — icy je doibts le dire, —
Ains les pinsons estoient tout en esmoy
En m'escoutant despeindre mon martyre.

Un vieil hibou, qui m'avoit recogneu
Claqua du bec en me voyant paroistre :
« Clac! clac! fist-il, veulx-tu bien disparoistre !
« Hou! hou! leu, leu! clac! clac! hou! hou! leu,
[leu! »]

ENVOY

Si donc voulez, belle, que le hibou
Demeure coi meshuy dedans son trou ;
Si voulez veoir merles sans mocquerie,
Et doulx pinsons baller joyeulsement ;
Si voulez veoir Nature reflorie :
Revenez, belle, auprès de vostre amant !

LA JEUNESSE DU ROI HENRI [1]

PARODIE DU SONGE D'ATHALIE

C'était au Châtelet! L'on jouait du Ponson!
Après un bon moment, la rampe s'est levée,
Et la salle parut bien plus illuminée;
Les Nantais n'avaient pas trop économisé,
Hostein lui-même avait encor cet air rusé
Dont il a soin de peindre et d'orner son visage
Quand il a mis un peu du sien dans un ouvrage.
— La toile! — vocifère un homme près de moi. —
— La toile ou mes vingt sous! — A la porte! — De quoi? —
Moi, je crains de tomber sous ses mains redoutables
Et grasses! — C'est alors qu'en accords remarquables
L'orchestre beugle et fait la toile se lever....
Et moi, je m'approchais déjà..... pour écouter.

[1] Dans cette pièce, faite d'après le roman de Ponson du Terrail, et jouée au théâtre du Châtelet, il y avait une véritable meute qui venait en scène et dévorait une douzaine de saucisses cachées dans une peau de cerf.

Mais je n'entendis plus qu'un concert malhabile
De fautes de français et de fautes de style,
Solécismes partout.... barbarismes nombreux,
Que des chiens dévorants se disputaient entre eux ¹!

¹ Il est bien entendu que cela ne s'adresse ni à Lambert Thiboust ni à Ponson du Terrail. A cette époque, le mauvais goût voulait que Ponson du Terrail fût illettré, j'ai sacrifié au mauvais goût; aujourd'hui, cette mode est passée. Aussi ne citai-je ces vers que pour mémoire.

JULES NORIAC

AIR : *Femmes voulez-vous éprouver.*

Je veux chanter ce directeur
Sur un vieil air de vaudeville.
Hier c'était un charmant auteur,
Aujourd'hui c'est un homme habile.

Mais changer ceci pour cela,
Ce n'est pas, — je le dis sans peine, —
Une bêtise qu'a fait là
L'auteur de la *Bêtise humaine* [1] *!*

---

[1] Improvisé pour le souper du *Figaro* chez *Peter's*, le 4 février 1864. —L'auteur du 101e, du *Grain de sable*, de la *Dame à la plume noire*, etc. venait de s'associer à un homme d'esprit, M. Hippolyte Cogniard, pour diriger le théâtre des Variétés. — Voici deux ans que mon méchant couplet est fait, et c'est avec un grand plaisir que je constate qu'*aujourd'hui*, comme je l'assurais *alors*, l'auteur de la *Bêtise humaine* n'a pas fait une bêtise!

HENRI DELAAGE

(Delaage entr'ouvre l'armoire d'une main, et agite une sonnette de l'autre.)

L'orchestre joue le *Miserere* du *Trovatore*.

INVOCATION

DELAAGE.

Armoires des diables
Aux bruits incroyables!

[1] Dans l'affaire des Davenport, M. Bernard Derosne s'était mis en avant au point de vue spéculatif, mais au point de vue spirite, c'était réellement Delaage qui mysti-ficelait la renommée des célèbres médiums américains.

Seront-ils capables
De se délier?
S'ils ratent l'armoire,
Vous pouvez m'en croire,
Je vais aussitôt, aussitôt cogner,
Frapper,
Hurler,
Brailler!

(Avec insinuation.)

Vous que ma voix implore,
Veuillez, sans plus tarder,
Vous défic'ler, vous défic'ler,
O Davenport!
O Davenport, sortez,
Sortez!

CHŒUR DES DAVENPORT DANS L'ARMOIRE.

Ah! toutes ces ficelles
Sont-elles
Cruelles!

DELAAGE.

Davenport, sortez!

CHŒUR DES DAVENPORT DANS L'ARMOIRE.

Ah! toutes ces ficelles
Sont-elles
Cruelles!

DELAAGE.

Davenport, sortez!
Défic'lez-vous! Davenport, sortez!
Allons, sortez [1]!

---

[1] On comprend pourquoi dans cette évocation diabolique, les paroles ne valent pas le diable.

TIMOTHÉE TRIMM (Léo Lespès)

A MES BONS LECTEURS

Paris le...

Chers lecteurs! — (A la ligne) [1]

Je ne suis pas précisément le commun des martyrs!

[1] A chaque alinéa, je dis « à la ligne! » Pour la clarté du texte, je crois inutile de répéter cette indication à chaque membre de phrase.

Je suis un grand homme !

Pas de taille, car je suis gros !

Pas de talent, car je suis modeste !

Mais c'est moi,

Qui ai su mettre la réclame à la portée de tout le monde,

L'histoire à la portée des ignorants,

La littérature à la portée des illettrés,

La musique à la portée des sourds,

La banalité à la portée de tout le monde !

Je suis l'Homère des foules !

Je suis l'homme inépuisable comme la bouteille de Robert-Houdin !

Je crée les célébrités !

J'ai fait Thérésa.

Demain je ferai une autre étoile.

Je suis un peu le bon Dieu dans mon *Petit Journal*.

J'y fais la pluie et le beau temps !

Comme Mathieu de la Drôme !

Eh bien, chers lecteurs !

Et en vous disant ceci,

J'y vais de ma larme !

Ce journal,

Ces abonnés,

Ces sympathies,

Ces encouragements,

J'aime tout cela,

Parce que cela me rappelle ma mère !

TIMOTHÉE TRIMM [1].

---

[1] AVIS AU LECTEUR. — Ne pas lire cet article en observant la ponctuation, — on risquerait d'avoir le hoquet.

PAUL FÉVAL

RONDE BRETONNE

Dans le pays des blondes fées,
Des gnômes et des korigans,
Près des dolmens extravagants
Où les fleurs d'or sont agrafées,
FÉVAL est né, l'on sait cela !
    O gué ! lan la !

II

C'est un conteur d'historiettes ;
Il débuta très-brillamment :
Les chevaliers du firmament
Lui firent faire des recettes.
Le bon romancier que voilà !
    O gué ! lan la !

III

Ce n'est pas un chantre vulgaire.
Il a le style, il a le cœur,
Il a le sourire moqueur,
Mais il est bon, car il est père !
Il en est peu comme cela !
    O gué ! lan la !

IV

Les lettrés l'ont mis à leur tête
Et de fait, c'est un entêté !...

Voici le portrait non flatté
De Féval, prosateur-poète!
Aucun ne me démentira!
    O gué! lan la!

POST-SCRIPTUM

Au moment où l'on met sous presse,
Féval est assez irrité,
Car la mino... majorité
L'accuse d'une maladresse.
Bah! tout cela s'arrangera!
    O gué! lan la!

JUNIUS [1]

DELVAU. — DUCHESNE.

Triolets

I

JUNIUS! monsieur, c'était DELVAU!
Monsieur, JUNIUS! — c'était DUCHESNE!
On sait ce que chacun d'eux vaut :
Monsieur, JUNIUS! — c'était Delvau!

---

[1] On se rappelle cette mystification dont les Lettres profitèrent. La première lettre de Junius date du 20 octobre 1861. — Qui l'avait écrite? On l'attribuait à la fois à Proudhon, à About, à un diplomate, à un ministre,

Onze LETTRES de leur cerveau
Sortent, y laissant la migraine ;
JUNIUS ! monsieur, c'était Delvau !
Monsieur, JUNIUS ! c'était Duchesne !

II

A prix d'or, on n'avait pas pu
Tenter le commissionnaire
Tantôt grand et tantôt trapu !

à un officier, à un homme du monde, à une femme du monde et du monde des lettres... à qui donc encore?...

On croyait que M. de Villemessant était dans la confidence,— lui-même croyait en être.

Jamais les bureaux du *Figaro* ne furent plus curieux à examiner : C'étaient des clignements d'yeux malins, des insinuations, des interrogations, des mystères, des sourires interrogateurs et des curiosités sans égales.

Les commissionnaires étaient sondés de l'œil !

On les suivait, on les interrogeait.

M. de Villemessant n'était pas le moins intrigué... Pour ma part, je le croyais dans le complot, et je le trouvais bien fort de pouvoir ainsi répondre à tout et à tous, sans laisser transpirer le secret.

Un jour, il fut sur la trace, — par intuition. — Il supposa que la lettre de Junius émanait de la rédaction. — Le lendemain, toute la rédaction fit sa lettre de Junius. — Duchesne, lui-même fit la sienne.

On ne fut pas plus avancé ; — enfin, lassé, vexé, peut-être,— et ma foi, pour un homme à qui l'on n'en fait point accroire, la mystification devenait intolérable, — M. de Villemessant n'inséra point la douzième lettre sous prétexte de retard. — Elle parut dans le volume édité par Dentu, et payé assez cher, sans savoir qui il payait.

Les lettres de *Junius* étaient remises par un commissionnaire dont la course était payée *vingt francs* en lui recommandant de faire une heure

A prix d'or, on n'avait pas pu
En faire un homme corrompu !
On ne savait plus comment faire !
A prix d'or, on n'avait pas pu
Tenter le commissionnaire !

III

Ils avaient du talent bien plus
Que de pécune dans leur bourse !
On disait : — C'est X... Z, Junius ?
Ils avaient du talent bien plus !
Tous deux jeunes, tous deux barbus,
Tous deux les premiers à la course,
Ils avaient du talent bien plus
Que de pécune dans leur bourse !

IV

Quelqu'un dit à VILLEMESSANT
C'est DELVAU doublé de DUCHESNE !
Cela se voit... cela se sent !
Dit quelqu'un à VILLEMESSANT.

---

de crochets dans Paris, au cas où il serait suivi. — C'est lui qui touchait aussi le prix de la copie.

M. de Villemessant payait « *royalement* » chaque lettre. En outre toutes les quatre lettres il donnait une prime de 200 francs.

Le journal mensuel LE JUNIUS, des mêmes auteurs et publié par Dentu, n'eut que deux numéros seulement : les numéros du 1 mai et du 1 juin 1862.

(*Note de l'auteur.*)

— Ils m'ont joué ! c'est indécent !
Coupons leur la LETTRE et l'aubaine !
Quelqu'un dit à VILLEMESSANT
C'est DELVAU doublé de DUCHESNE !

V

FIGARO leur a pardonné !
Ils sont toujours de la famille,
DUCHESNE, le critique né,
(FIGARO leur a pardonné !)
Et DELVAU qui nous a donné
L'Histoire d'une honnête fille !
FIGARO leur a pardonné,
Ils sont toujours de la famille !

JACQUES OFFENBACH

Air à faire par le maestro.

Che zuis le Roi te l'Harmonie,
Che zuis l'illustre Maëstro !
Le Monte il gonnait ma chénie,
Le Temi-Monte, mon Prio.
Che zuis le PARPU GUI Z'AVANCE,
Le ZAN ZINOLINE, et cætera...
Che renoufelle te la Vranze

Et l'Obérette et l'Obéra !..
Wat fair fich und der flech flich flach !
Che zuis le cran CHACK OFFENBACH
    Bach qui s'avance... Bach !

II

Che fais te la Misique étranche
Pur vèr rire les pons Vrançais,
Che fais te la misique t'anche
Lorsque tans ma Baïs che fais !
Che zuis le GAM de la Misique,
Un CHIL BÉRÈZ Gombositeur,
Che zuis krafe, che zuis gomique,
Et zuis tuchurs zupérieur !
Wat fair fich, und der flech, flich, flach !
Che zuis le cran CHACK OFFENBACH !
    Bach qui s'avance. . Bach !

ACHILLE JUBINAL

PETITE REVUE DE LA CHAMBRE

Air : *Final de Renaudin*.

Je vais écrire à mon journal
Une chronique intéressante
Sous cette rubrique plaisante :
La satire de *Jubinal*.

A la Chambre l'on se prépare
A discuter notre budget,
Et plus d'un, sans nous dire : Gare !
Offrira son petit projet.

Je vois *Auguste Chevalier*,
Lequel est un libre échangiste,
Attaquer le protectionniste
Qu'on appelle *Pouyer-Quertier*.

Puis voici *Morin* (de la Drôme)
Aux cheveux proprement lissés,

De loin l'on dit : C'est un jeune homme
De trente ans... de trente ans passés!

Il voudra retrancher bientôt
Tous les crédits supplémentaires,
Ses vœux, du reste, sont sincères,
Car il rogne son paletot!

De peu de voix, mais non pas bègue,
Voici M. *de Beauverger.*
Thiers lui dit : Mon jeune collègue!
D'âge, peut-être, il veut changer!

Je vois l'ex-ministre *Buffet*
Qu'il est utile à la buvette!
Darimon, à la blonde tête,
Lisant un discours sans effet.

Hénon, songeant à la nature,
Par malheur n'a jamais raison.
S'il interroge, — l'on m'assure
Qu'on lui dit toujours : *Oui! Hénon!*

Voici *Conseil* et *Pagézy*
Qui discutent sur les liquides,
Ils sont tous les deux intrépides.
L'esprit les garde, Dieu merci!

Plus loin, le marquis *d'Andelarre*
Fait vibrer rondement les R,
Et *Belmontet* qui se prépare
A parler sur le Pape, en vers !

Ici, j'éprouve le besoin
D'interrompre ma causerie,
Suivant la coutume chérie
Par l'interrupteur *Glais-Bizoin*.

Pardonnez-moi, je le répète,
Ces folles indiscrétions :
Ce sont des propos de buvette
Sans mauvaises intentions.

Je les envoie à mon journal,
Cela l'amuse et le contente,
Sous cette rubrique innocente.
La satire de *Jubinal*.

GÉROME

TABLEAUX

A cette heure incertaine et vague où l'horizon
　　　　Dispute l'ombre à la lumière,
Où des minarets blancs retombe l'oraison
　　　　Dans les cœurs qui sont en prière ;

Sur le Bosphore, on voit un caïque indolent
　　　　Monté d'une façon bizarre ;
A la proue, on distingue, assis, un icoglan ;
　　　　A la poupe est une guitare !

Entre l'homme stupide et le railleur hideux
　　　　Est un prisonnier sans défense ;
Ses bras sont retenus dans des liens honteux...
　　　　Où va cette barque en silence [1] ?...

Ce prisonnier, c'est l'Art ! — Ici, le Roi-Soleil !
　　　　Qu'entoure une meute attentive

[1] Le Prisonnier.

De courtisans dorés qu'un mot met en éveil,
A sa table n'a qu'un convive [1]...

Ce convive, c'est l'Art! méconnu, mais vengé !
Dans cette masure étrangère
L'art se retrouve encor, mais la scène a changé :
Un tapis est jeté par terre,

Une Almée au sein nu, le ventre découvert,
Se pâme et rejette sa tête ;
Son œil noir ne voit rien d'en bas : il est ouvert
Pour le paradis du prophète !

Des Turcs, nonchalamment assis, sont à l'entour
Et contemplent d'un regard terne,
Sans ennuis, sans plaisir, sans fièvre, sans amour,
Cette hystérique de taverne [2]...

Cette femme, c'est l'Art! l'Art toujours méconnu,
Que la routine aveugle, éventre.
C'est Phryné, devant tous montrant son beau corps nu,
C'est l'almée étalant son ventre...

C'est l'œuvre enfin ; bien plus, c'est l'âme de celui
Dont ce pantin est le fantôme
Et que mes humbles vers célèbrent aujourd'hui :
Vous avez tous nommé Gérôme !

---

[1] Molière chez Louis XIV.
[2] L'Almée.

BARBIER

IAMBE

Oh! ma muse n'est pas une frêle comtesse
    A la blanche peau de satin,
A l'étroite pensée, au vers plein de mollesse,
    Lorette du quartier d'Antin ;
Non, c'est une gaillarde, à l'allure héroïque,
    Aux longs cheveux, aux yeux brillants,
Et qui, pour les besoins de la chose publique,
    Chante au son des canons bruyants !
Sur les pavés brûlants de Paris en colère
    On la vit errer autrefois,
Criant et rugissant ainsi qu'une mégère,
    Couvrant le canon de sa voix !
De Londre elle a fouillé la cité populeuse,
    Recherchant dans les ateliers
Des sectaires ardents, à la face hideuse,
    Cadavres vivants d'ouvriers !
Oh ! comme elle a hurlé ! comme sa voix puissante
    A jeté partout la terreur !

Comme elle remplissait les âmes d'épouvante !
Comme à sa voix battait le cœur !

. . . .

Mais bientôt, le coursier qui, sur sa croupe fière,
L'emportait sans rênes ni freins,
Sans souffle et sans poumons la rejeta par terre
Et du coup lui cassa les reins [1].

---

[1] Vers de Barbier.

PIERRE DUPONT

CHANSON

I

Je ne suis pas la chansonnette,
Bergère aux souliers de satin,
Aux cheveux blonds sous la cornette,
Teint rose, peau blanche, œil mutin ;
Celle-là, c'était une actrice !
Pour moi, j'ai nom Réalité,
Et la nature est ma complice,
Si mon vers est empreint de sa rusticité.

II

Je peins LES BOEUFS et la charrue
Comme à la ferme je les vis ;
MON ANE a la mine bourrue
Des bourriquets de mon pays ;
Finaud, mon chien, est laid peut-être,
Mais c'est bien LE CHIEN DE BERGER,
Plus fin que le garde champêtre
Qui dort pendant qu'auprès on pille son verger !

II

Je suis la chanson réaliste
Qu'on peut chanter à l'atelier ;
Alors que le travail rend triste,
Chante-la, toi, brave ouvrier !
Je chante ton pain, ta besogne,
Ta forge aux feux étincelants...
Et quand tu la chanteras, cogne
De ton marteau de fer les métaux rutilants !

IV

Paysans, soldats, femmes, filles,
Chantez, chantez mes gais refrains.
Dans vos rondes, dans vos quadrilles,
En les disant, pressez vos mains !
Je suis la chanson populaire
Qui n'entre pas dans le boudoir !...
... Poëte, je te crois sincère,
Car tu chantes l'Amour, le Progrès et l'Espoir!

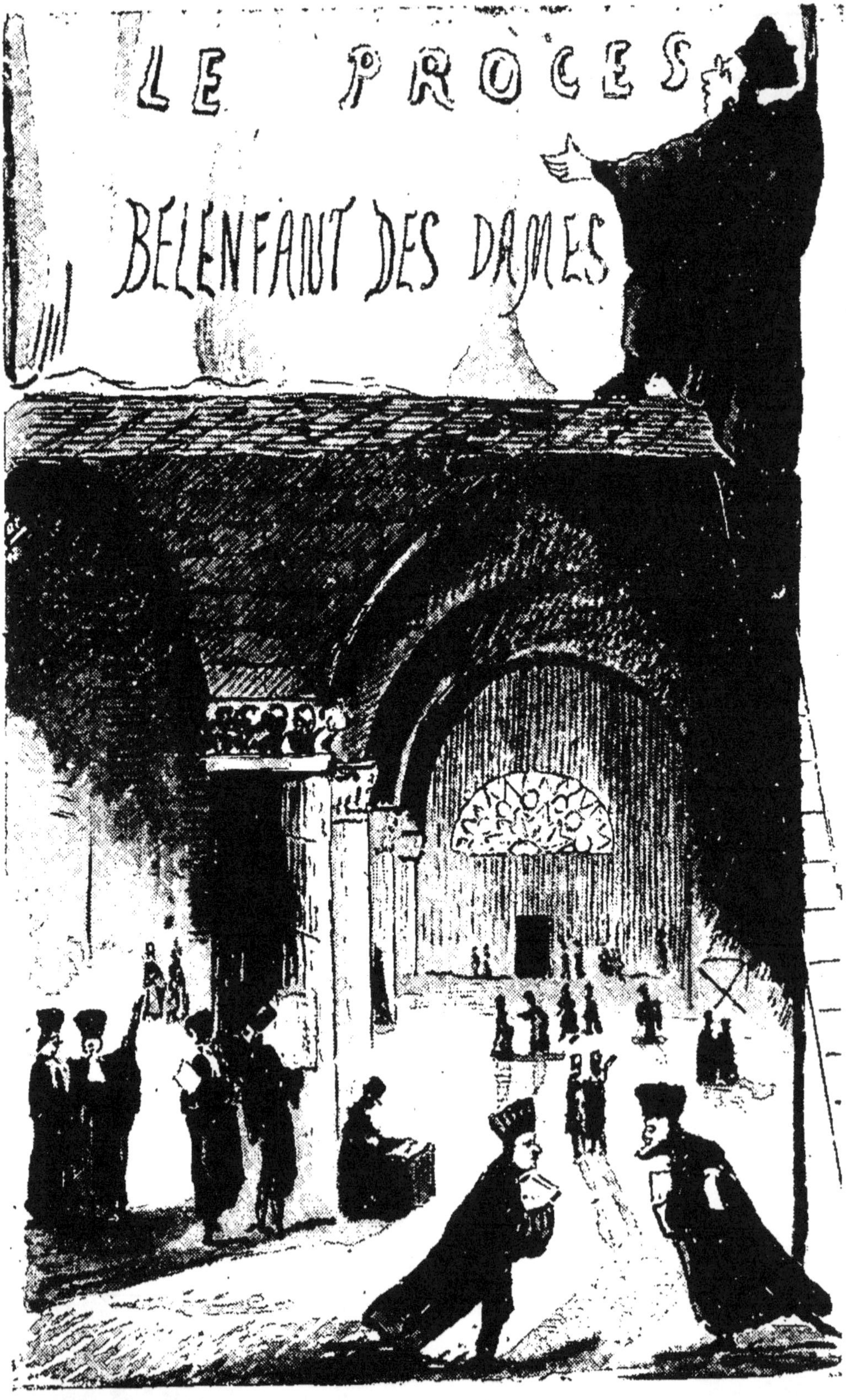
LE PROCES
BELENFANT DES DAMES

Ne vous attendez pas cependant à lire ce procès célèbre in-extenso. — *Mon intention est de vous en donner seulement des fragments.*

*Voici l'*ACTE D'ACCUSATION*!*

LE PROCÈS

BELENFANT-DES-DAMES

FRAGMENTS DU PREMIER TABLEAU

L'ACTE D'ACCUSATION

Le théâtre représente la salle des assises. Vieux piliers, tentures sombres. — A la droite du spectateur, sur le premier plan, se trouve, dans une tribune basse : MAITRE FAVRE, avocat de la partie civile ; — en face, à gauche : MAITRE LACHAUD, défenseur de l'accusé.

Au second plan, à gauche, sur un banc élevé, entre trois gendarmes, est assis l'accusé BELENFANT, en blouse bleue, cravate rouge, cheveux ras. — Sa physionomie est goguenarde.

En face de lui, à droite, se trouve le jury, dont on n'aperçoit que le chef, M. PRUDHOMME.

Au fond, sur un tribunal élevé de cinq à six marches vont siéger trois juges en robes rouges, coiffés de perruques Louis XIV.

Quels que soient les avocats, les jurés et l'accusé lui-même, les lecteurs sont prévenus que les juges sont Anglais, les jurés Suisses, et que le ministère public est en vacances.

Il est inutile, je pense, d'ajouter que le crime est imaginaire et que l'assassin est un honnête homme.

LE GREFFIER, *se levant. (Accent gascon.)*

Le trente et un février, mil huit cent soixante-trois, vers deux heures du matin, la petite ville de Baume-les-Dames fut subitement réveillée par des cris étranges et inhumains. Ces cris partaient de la demeure de la dame Pifardent, rentière et millionnaire, dit-on dans le pays. — Monsieur le sous-préfet, Mon-

sieur le commissaire de police, Monsieur Brelichard, pharmacien et adjoint au Maire, pour le Maire empêché, Monsieur le brigadier de gendarmerie et Monsieur le garde champêtre, — avec le zèle qui n'appartient qu'à cette institution, — sur le lieu où se perpétra le crime, coururent comme on court au feu, — mais sans pompes! — Et alors, que virent-ils? — Madame Pifardent (Eulalie-Arthurine-Prudence-Lélia), dont jadis la beauté était proverbiale, horriblement défigurée, et se tordant dans les douleurs les plus atroces ! — On supposa d'abord toute autre cause à ces convulsions qui semblaient exagérées, — mais, après avoir prudemment expertisé, on reconnut avec effroi que ni la cupidité, ni la concupiscence n'avaient présidé à cette détérioration de la plus belle moitié du genre humain. — Sa figure, d'une pureté de lignes remarquable, était trouée comme un crible, et les cicatrices du vaccin qu'on voyait à son bras droit indiquaient assez que l'ennemi n'était point la maladie. Bref ! l'acide sulfurique était devenu, une fois de plus, l'arme homicide d'un mortel inhumain !

A l'heure même où le crime se perpétrait, sur la frontière de Belgique, dans le pays wallon, à cent cinquante lieues de là, — c'est-à-dire six cents kilomètres, — on arrêtait le nommé *Emile Bel-enfant-des-Dames*, malfaiteur de la pire espèce, déjà condamné neuf fois à mort par contumace.

Belenfant avait quitté Baume-les-Dames à l'âge de deux ans, et, depuis cette époque, il n'avait jamais reparu dans son pays natal. Cette abstention avait été remarquée ! — La particule nobiliaire et galante qu'il avait jointe à son nom — Belenfant... des-Dames ! — avait été remarquée aussi ; bref, cet homme avait été tellement remarqué qu'il devait forcément un jour devenir remarquable ! Hélas ! dans les fastes judiciaires nous n'avons que trop d'hommes remarquables de cette espèce !

Par quel hasard, par quelle fatalité l'accusé Belenfant se trouva-t-il chez la dame Pifardent au moment où il passait la frontière de Belgique, à cent cinquante lieues de là? C'est ce que l'instruction nous apprendra. — La perfection des chemins de fer et les applications nouvelles de l'électricité viennent aujourd'hui — tout en donnant de nombreuses facilités aux malfaiteurs — guider plus sûrement la marche de la justice ! Quoi qu'il en soit, qu'elle se félicite d'avoir mis la main sur un des pires fléaux de la société !

Voici maintenant la déposition des principaux témoins, qui sont un peu moins imaginaires que les juges et l'accusé.

DEUXIÈME TABLEAU

L'AUDITION DES TÉMOINS

Même décor.

L'HUISSIER

Messieurs, la cour !

(Les trois juges apparaissent à la fois.)

LE PRÉSIDENT.

Nous allons passer à l'audition des témoins. Belenfant, faites attention à ce que vous allez entendre, et surtout pas d'interruptions ! Ne parlez que lorsque je vous interrogerai.

BELENFANT.

Et si vous ne m'interrogez pas ?

LE PRÉSIDENT.

Taisez-vous ! — Faites entrer le témoin Gustave Courbet.

(Entrée de Gustave Courbet en costume de travail.)

LE PRÉSIDENT.

Monsieur Courbet, vous qui êtes réaliste, veuillez nous dire ce que vous pensez du prévenu ?

COURBET, *malignement*.

Je ne le laisserais pas causer avec mes *Demoiselles de la Seine*, il m'a assez l'air d'un *Casseur de pierres*.

LE PRÉSIDENT.

Mais que savez vous sur l'affaire ?

COURBET.

Vous me demandez ce que je sais, monsieur le président; mais je ne sais rien sur l'affaire ! Je ne connais que ma peinture : *Les Baigneuses, les Casseurs de pierres*.

LE PRÉSIDENT.

Oui, oui, on sait que vous êtes le peintre de la laideur.

COURBET.

Pardon, monsieur le président, mais je viens de

faire un voyage à Trouville, et, comme je n'y ai trouvé que de jolies femmes, je ne puis plus peindre de femmes laides. Les jolies femmes, c'est un entrainement! Qui est-ce qui m'aurait dit que je peindrais un jour des jolies femmes? On ne sait pas ce que l'avenir me réserve! Qu'y aurait-il de surprenant si je me mariais un jour? Il faut s'attendre à tout dans la vie! Ah! si je me mariais, je prendrais une femme grosse, grasse, blonde, propre, — qui saurait à peine lire et écrire, — qui ne saurait pas danser, — pour cela elle passerait un examen! — Bonne gent,— sans volonté. — Dans l'intérieur de ma maison, elle mettrait une fanchon et un pet-en-l'air! — Elle aurait la première place à table; — elle saurait faire la cuisine et saurait la commander! — Sa conversation serait émaillée de quelques fautes de français que ça ne ferait pas plus mal. — Elle recevrait mes amis, qui seraient gros aussi.— Les *ferluquets* et les *gourgandins* seraient exclus! — C'est elle, au printemps, qui sèmerait les fleurs et, en été, qui les arroserait. Pour cet usage, elle mettrait un chapeau de paille. Elle porterait à manger aux poules, épousseterait les tableaux et mettrait le linge en ordre. Elle irait l'été aux noisettes et l'automne aux champignons. Pour voiture, nous aurions un petit panier bas, traîné par deux percherons solides, — en guise de chevaux fringants, — qui nous conduiraient de temps en temps, soit à la pêche aux écrevisses, soit chez des amis des environs, aussi gros que moi, sachant boire et manger, et ayant du vin réel. En retour, je demanderais à ma femme une fidélité absolue.

LE PRÉSIDENT.

Monsieur Courbet, vous pouvez vous retirer.

(Gustave Courbet sort.)

LE PRÉSIDENT

Faites entrer le témoin Rossini.

(Murmures sympathiques dans l'auditoire. — Rossini entre ; redingote vert-bouteille.)

LE PRÉSIDENT.

Vous êtes bien le célèbre Rossini?

ROSSINI (*accent italien exagéré*).

Vi mi demandez pit-être qui ce que ze zouis? — Il est impossible de vous le dire! — Ou plutôt si! Ze zouis oune cuisinier famou qu'il s'est élevé al soupremo degré del arte culinario et qu'il avait trovato la maniera di facere il macaroni d'amore! — Il tempo di passare la vesta et di prendara la casserola et ze continoue !

(Il se change en cuisinier et tient à la main une casserole pleine de macaroni.)

LE PRÉSIDENT.

Pourquoi ce travestissement bizarre, témoin?

ROSSINI.

Per il macaroni !

LE PRÉSIDENT.

Mais il ne s'agit pas ici de macaroni, il s'agit de l'accusé Belenfant! Que savez-vous de l'affaire?

ROSSINI.

Ze ne connais rien de l'affaire.

LE PRÉSIDENT.

Alors parlez du macaroni !

ROSSINI.

Per facere il buone macaroni del l'arte, vi prendare oune poco di TANCREDI, avec oune poco d'ITALIANA IN ALGER, d'IL BARBIERE et de CENERENTOLA; ajoutez oune onza seulamento de GAZZA LADRA, d'ARMIDA et d'OTELLO; oune scroupoule de MOSÈ IN EGITTO, oune soupçonne della DONNA DEL LAGO, oune parcella di MATILDA DI SABRAN, oune ombra di SEMIRAMIDE, il tutto saupoudrato di GUILLAUME TELL et vi ferez oune macaroni essellento!

LE PRÉSIDENT.

Très-bien, maestro; mais, à ce ragoût-là, il ne manque qu'une chose que nous autres, Français, nous mettons toujours dans les bonnes sauces : du laurier!

(Une couronne de laurier apparaît sur la tête de Rossini.)

LE PRÉSIDENT.

Témoin, vous pouvez vous retirer.

(Rossini sort.)

LE PRÉSIDENT.

Faites entrer le témoin de Caston.

(Alfred de Caston entre les yeux bandés.)

LE PRÉSIDENT.

Vous êtes bien le sieur de Caston (Alfred), aussi

habile prestidigitateur que mnémotechnicien infaillible?

ALFRED DE CASTON.

En qualité de sorcier, monsieur le président, j'avais prévu cette demande, et je ne puis mieux y répondre que par une expérience.

LE PRÉSIDENT.

Accusé, regardez, écoutez et profitez !

ALFRED DE CASTON.

J'ai fait préalablement prendre des cartes à quelques personnes de l'auditoire; en même temps j'ai fait choisir des dominos et inscrire des dates sur des ardoises.

LE PRÉSIDENT.

Avant de continuer, que savez-vous sur l'affaire?

ALFRED DE CASTON.

Rien, monsieur le président! absolument rien. C'est une affaire ténébreuse.

(Avec volubilité et s'interrompant de temps à autre pour tousser.)

Messieurs, vous avez inscrit deux dates du quinzième siècle, qui, quoique se rattachant à des faits se passant dans deux pays différents, l'un à l'orient, l'autre à l'occident, n'en ont pas moins entre eux une grande similitude...

(Murmures dans l'auditoire. — Interruption.)

(Lentement avec politesse.)

Mesdames, vous savez que ma bonne volonté vous est toute acquise, que je suis tout entier à votre dévotion; mais cette bonne volonté, si grande qu'elle soit, échouerait, si vous ne m'accordiez quelques instants du silence le plus absolu.

(Le silence se rétablit.)

(Reprenant avec volubilité.)

Le siége d'Orléans est levé !

Charles VII est sacré à Reims !

Jeanne Darc, qui n'était qu'une héroïne, devient un martyr ! La France est délivrée de l'invasion étrangère; mais, en Orient, Constantin Paléologue meurt sous les murs croulants de Byzance, qui va devenir Constantinople.

Vous avez écrit 1431 — le supplice de Jeanne Darc, et 1453 la prise de Stamboul par Mahomet II.

Nous quittons le Moyen Age pour entrer dans la Renaissance !

(A ce moment il enlève son bandeau et bat un jeu de cartes.)

Maintenant, mesdames, vous avez : 8 de pique, 7 de cœur, 9 de carreau, roi de trèfle, dame de cœur, as de cœur, 8 de carreau.

Et vous, monsieur : as, 7, 8, 9, 10 de pique, 7 de carreau et roi de trèfle !

Quant au chiffre pensé ! d'après mon calcul : $(A \times B = C \times D - D...)$ Le nombre est 17.

Monsieur, regardez vos dominos — Madame, comptez vos bagues ! — Monsieur !... Oui, vous, monsieur, fouillez dans votre porte-monnaie, et comptez vos louis ..

17... Partout 17 ! — Dominos 17. — Bagues 17.— Louis 17 !...

Ne m'en veuillez pas, monsieur, ce n'est pas moi, c'est la science et le hasard qui ont fait ce jeu de mots !

(De Caston salue et sort. — L'auditoire applaudit.)

LE PRÉSIDENT.

Si l'on applaudit encore, je vais faire évacuer la salle. (*Après un silence.*) Faites entrer le témoin Emile de Girardin.

(Agitation dans l'auditoire.)

(M. de Girardin entre.)

LE PRÉSIDENT.

Monsieur de Girardin, nous savons que vos nombreuses occupations politiques et littéraires prennent tous vos instants, mais, en qualité de journaliste, nous avons cru devoir vous appeler afin d'éclairer la Cour dans cette affaire mystérieuse. Quelle est l'opinion de votre journal sur cette affaire?

ÉMILE DE GIRARDIN.

L'opinion de mon journal est la mienne, et je la résume dans mes articles à trois sous la ligne.

Voici mon dernier article :

LA PAIX ET LA LIBERTÉ.

Sans paix, point de liberté !

Sans liberté, point de paix !

Qu'est-ce que la paix ? — La formule de la liberté !

Qu'est-ce que la liberté ? — L'expression de la paix !

La paix termine tout, dénoue tout, tranche tout, résout tout, fonde tout.

La liberté fonde tout, résout tout, tranche tout, dénoue tout, termine tout !

Si donc, dans un État, l'on veut fonder tout, résoudre tout, trancher tout, dénouer tout, terminer tout,

Il faut employer la paix.

Il faut employer la liberté.

La liberté sans paix équivaut à la paix sans liberté.

Paix, liberté ! Liberté, paix ! Tout est là !

A demain la seconde idée !

LE PRÉSIDENT.

Ceci est d'une logique serrée !

E. DE GIRARDIN.

Et maintenant, monsieur le président, si vous me

demandez ma seconde idée, elle émane d'une élucubration littéraire que j'ai commise avec un homme du bâtiment, comme dirait Fanfan Benoiton [1]. Je veux parler du *Supplice d'une Femme*. — Voici : On crée ou l'on ne crée pas! — Si l'on crée, on est père! si l'on ne crée pas, il n'y a pas de paternité! — La paternité implique la création. La création est la con--séquence de la paternité! — Paternité! Création! tout cela se résume dans l'idée. L'idée est à celui qui est père! La paternité à celui qui a eu l'idée!— Paternité! idée! création! Création! idée! paternité! Tout est là! Maintenant, je vais vous parler de mes DEUX SOEURS! Dans les *Deux Sœurs*, la pièce n'est pas dans le drame, mais dans la polémique qu'elle a soulevée. On la siffle! — D'accord! — Mais si elle est bonne, cette pièce? — Pourquoi la siffler? — Vous me direz : Est-elle vraiment bonne? — Je vous répondrai : Puisque j'affirme qu'elle est bonne, elle doit l'être! On ne me croit pas! — Je passe outre!

---

[1] Ajouté après coup pour les besoins de l'actualité.
(*Note de l'auteur.*)

Mais admettez-vous, monsieur le président, qu'un juge, comme vous, se permette... (Si le mot est trop fort, je le retire) — je veux dire : s'autorise de sa qualité pour trancher la question par un sifflet? — En un mot, prenne parti pour le ministère public sans avoir entendu le défenseur du prévenu ? Ceci n'est ni dans la loi, ni dans la morale !

LE PRÉSIDENT.

Un collaborateur vous eût épargné tous ces désagréments; vous eussiez tout mis sur son dos !

E. DE GIRARDIN.

Merci! Dans le *Supplice d'une Femme*, on m'a tout pris, même mon idée; je préfère des sifflets que je récuse à des bravos que je partage !

LE PRÉSIDENT.

Il ne m'appartient point de vous dire que vous avez raison !... Vous pouvez vous retirer. (*E. de Girardin sort. — Après un silence.*) Faites entrer Alexandre Dumas père.

(Alexandre Dumas père entre.)

Eh bien ! cher maître, que nous direz-vous de cette curieuse affaire

ALEXANDRE DUMAS PÈRE.

(Il parle en éludant les R.)

Monsieur le président, il y a quatre ans, j'étais en Italie où je guidais la Révolution ! — Avec mon ami

Garibaldi nous avons chassé le roi de Naples et posé le roi d'Italie; dans quelques jours, je partirai pour l'Amérique, où je me charge d'arranger les affaires, comme j'ai arrangé celles du Caucase, de Madagascar et de Pologne, après quoi je reviendrai à Paris pour terminer mes *mémoires*. Car, après avoir écrit ce qui m'est arrivé, j'ai l'intention d'écrire ce qui m'arrivera ! Je suis d'ailleurs très-content de mes conférences à Vienne. Tenez, hier, je leur ai dit : — Chaque fois que je me bats en duel, que je me fais arracher une dent, que je me jette d'un cinquième étage ou que l'on va me guillotiner, je me fais tâter le pouls ! Il bat cinquante-six pulsations à la minute ! — Aujourd'hui, avant d'entrer, j'ai tendu la main à mon docteur, qui en a compté cinquante-sept. J'ai donc plus peur du public que de la mort !

LE PRÉSIDENT.

Cependant, quand vous êtes malade, vous faites venir un médecin, et quand le public ne vient pas à vous, c'est vous qui allez à lui !... Cher maître, vous pouvez vous retirer! (*Alexandre Dumas père sort.*)

L'HUISSIER.

M. Louis Ulbach !

LE PRÉSIDENT.

Bien ! — Nous avons le TEMPS !

ULBACH.

Monsieur le président, je n'ai qu'un mot à dire, je suis l'auteur de Mme *Fernel.*

LE PRÉSIDENT.

Cela me fait bien plaisir !

ULBACH.

Ce que j'ai encore à dire, c'est que comme auteur de Mme *Fernel,* je mérite d'être cru sur parole ; car Mme Fernel est une honnête femme. Je n'écris que des romans moraux, et si vous voulez bien me confier le dossier de l'affaire, je prends l'engagement d'écrire un roman vertueux et champenois qui prouvera que tous les ménages sont heureux, que toutes les femmes ont des passions coupables, qu'elles étouffent !... et que je suis l'auteur le plus moral.....

LE PRÉSIDENT.

Assez, témoin... Vous pouvez vous retirer...

Faites entrer le témoin Jules Simon.

JULES SIMON *vêtu en maître d'école.*

Je suis bien enrhumé, monsieur le président... Je souffre beaucoup de la gorge! mais comme il y a encore 1,040 communes qui n'ont pas d'école, il faut que je fasse encore 1,040 discours pour obtenir des écoles! — Cela est certain! — C'est mon devoir!...

J'ai bien mal à la gorge! — Il faut des écoles pour apprendre à lire aux enfants, et non-seulement aux enfants, mais aux ignorants de tout âge!...

Permettez moi de continuer ma déclaration sous une autre forme.

Air du Petit Ebéniste.

Que j'aime à voir dans notre belle France
Des gens qui savent tous lire,
Qui sav'nt compter, qui sav'nt écrire.
Que c'est comme un bouquet de fleurs !

L'instruction, quand on la donn' gratuite,
Doit toujours être obligatoire ;
Alors l'enfant a d'la conduite
Dès qu' les parents font leur devoir'...

Reprise.

(A ce moment un bruit se fait à la porte du tribunal. C'est M. de Boissy qui entre quoique n'étant pas assigné.)

M. DE BOISSY.

Air du Brésilien.

Permettez-moi, mon cher confrère,
De vous interrompre un instant,

Je veux parler de l'Angleterre..
Vous verrez, vous serez content !
Non, non, non, non, jamais en France
L'Anglais, l'Anglais ne régnera !
Ce refrain-là, bientôt, je pense,
Va se redire à l'Opéra.
Exterminons-les, n'est-ce pas ?
   Pour hâter leur trépas...
Voulez-vous accepter mon bras ?
      Voulez-vous *(bis)*

JULES SIMON, *terminant l'air.*

Mais le Sénat ne répond pas !
   Tatarata ta...

(A ce moment l'hilarité gagne le prévenu et les gendarmes.)

L'HUISSIER.

Silence, messieurs !

(M. de Boissy sort.)

LE PRÉSIDENT.

Faites entrer les pièces de conviction.

(On apporte une boîte carrée sur laquelle on lit : ETRENNES 1864.)

Ouvrez cette boîte !

(La boîte s'ouvre d'elle-même, on voit apparaître M. Thiers.)

M. THIERS.

C'est moi! Ah! messieurs! il faut un grand dévouement pour s'arracher aux doux ombrages de la place Saint-Georges et venir s'occuper de nouveau de la chose publique! Mais l'opposition avait besoin d'un chef, et je suis venu à elle en me réservant toutefois d'agir à ma guise et de la compromettre même si elle me convenait.

LE PRÉSIDENT

Mais il ne s'agit pas de cela.

M. THIERS.

Je ne fais pas les choses à demi, moi, je les fais ENTIÈRES !

LE PRÉSIDENT.

Oh! en Thiers!

(M. Thiers se retire, on remporte la boîte.)

Mais ne saurons-nous donc jamais la vérité ? — Il reste encore un témoin, M. le docteur Tardieu, expert, — faites-le entrer!

(M. le docteur Tardieu entre.)

Veuillez nous dire les expériences que vous avez faites ?

LE DOCTEUR TARDIEU.

Monsieur le président, voici comment nous avons procédé. Nous avons traité la figure de la dame Pifardent par la voie humide, c'est-à-dire par l'acide chlorhydrique, nommé aussi acide hydrochlorique ou acide muriatique ! — Je puis dire que l'acide chlorhydrique est irrespirable, il a une odeur suffocante et sa saveur est très-acide. — Messieurs les jurés pourront s'en convaincre tout à l'heure, nous avons fait placer une multitude de poisons dans leur salle de délibérations. — Puis procédant par la voix sèche, c'est-à-dire par la chaleur, nous avons obtenu un résultat significatif.

LE PRÉSIDENT.

Avez-vous opéré sur des grenouilles ?

LE DOCTEUR TARDIEU.

Oui, monsieur le président, elles sont toutes mortes ! sauf une peut-être. La Cour veut-elle que j'expérimente devant elle ?

LE PRÉSIDENT.

Oui.

(La grenouille entre en sautillant.)

LE DOCTEUR TARDIEU.

Voilà ! je l'empoisonne ainsi et elle crève !

LE PRÉSIDENT.

Vous pouvez vous retirer... Emportez votre grenouille!

(L'audience est levée.)

TROISIÈME TABLEAU

(Même décor.)

L'HUISSIER.

Messieurs ! La cour !

(Les trois juges apparaissant à la fois.)

LE PRÉSIDENT.

La parole est à M⁰ Favre, avocat de la partie civile !

MAITRE FAVRE. (*Il parle du gosier, en grasseyant. — De temps en temps une espèce de toux vient émailler son discours.*)

Messieurs! c'est avec un profond sentiment de pitié et de compassion que je prends la parole au nom de l'infortunée victime dont vous avez vu les traits tout à l'heure. Un des apanages principaux de la femme est la beauté! la beauté qui fait naître l'amour! l'amour! qui se joue des mortels, il est vrai, mais qui est un des liens les plus puissants de la société! — Quand la beauté est perdue, c'est le soleil qui s'est couché, c'est l'ombre qui erre dans le crépuscule terne! c'est la nuit obscure, les ténèbres! — c'est l'oubli! — Bien plus, messieurs, c'est le mépris peut-être et sa hideuse cohorte: le soupçon, le dédain et l'effroi!

J'ai connu Mme Pifardent à l'âge où les passions sont rutilantes et se précipitent dans l'existence comme les flots tumultueux d'une mer en délire! Alors, elle était d'une beauté que je n'hésiterai pas à qualifier de remarquable: ses prunelles noires ressemblaient à deux iles volcaniques surgissant au milieu de lacs argentés. — son nez, quoique un peu fort, avait de la grâce et de l'élégance; — sa bouche était si petite, qu'on l'eût vainement cherchée sur sa figure si le son de sa voix argentine ne fût venue guider les explorateurs!... En un mot, Milo, — le célèbre statuaire, — lui eût volontiers cassé un bras pour en faire sa statue...

LE PRÉSIDENT.

Pardon, M° Favre, mais Milo n'est pas un statuaire...

MAITRE FAVRE.

Eh! qu'importe à l'orateur! Qu'est-ce que l'exactitude des faits à côté de la perfection de la période et de la sonorité de la phrase?.. Je continue. Un jour... une nuit plutôt, un homme... que je devrais appeler un monstre! sans motif connu, sans dessein avoué, étranger à la localité, trouve moyen de s'introduire dans la demeure de ma cliente et de la défigurer horriblement! La nature frémit de ces horreurs! Et que nous oppose-t-on à cette évidence? L'alibi! — L'alibi! Ah! messieurs nous savons comme il est facile d'élever cette barrière, mais nous savons aussi comme il est facile de la renverser ! En principe, il est avéré que devant le crime l'impossibilité s'évanouit. Ceci acquis, Belenfant est convaincu et sa défense nous paraît impossible ! Il était à cent cinquante lieues de là, au moment du crime, nous dira-t-on ? Qu'importe ! S'il a commis le crime ! La justice ne fait pas de ces distinctions captieuses. A quelque distance que soit le criminel de la victime, la justice sait bien les rapprocher ! Messieurs les jurés, ne vous laissez pas prendre par ce moyen fallacieux de la défense : l'alibi ! Je vais le détruire par une comparaison prise sur vous-mêmes. Dans votre maison, vous êtes pères de famille, ici, messieurs, vous êtes jurés ! — Mais pour être jurés en êtes-vous moins pères de famille ? Une qualité exclut-elle l'autre ? Il y a cependant un monde entre la vie publique et la vie privée ? — Mais ce monde comment l'avez-vous franchi, où plutôt comment la loi vous l'a-t-elle fait franchir ? C'est parce que vous étiez honnêtes dans la vie privée que la loi est venue vous demander d'être honnêtes dans la vie publique. Et de même nous dirons : c'est parce que l'homme qui passait la frontière était criminel que nous l'accusons d'avoir commis le crime! Que nous importent ses moyens? — La justice ne voit que le fait!

Messieurs, je vous ai tout à l'heure dépeint les traits de Mme Pifardent tels qu'ils étaient avant cet horrible forfait, que vous dirais-je de plus? Cette femme charmante, adorable, adorée, ce chef-d'œuvre du Créateur est aujourd'hui quelque chose de repoussant! L'acide sulfurique, ce poignard liquide!!! est venu labourer son gracieux visage et détruire en une seconde, ce que la nature avait mis quarante-trois ans, sept mois, et huit jours, à embellir et à perfectionner!

(Maître Favre se rassied. — Vive sensation.)

LE PRÉSIDENT.

La parole est au défenseur du prévenu.

MAITRE LACHAUD.

Messieurs! je serai bref! je pourrais même à la rigueur ne pas prendre la parole et mon silence, ou plutôt mon abstention aurait plus d'éloquence que n'a plaidoirie! Je ne commettrai pas la maladresse d'innocenter l'accusé. — Non! — Belenfant est coupable, et beaucoup plus coupable que vous ne le pensez! C'est lui, qui en 1837 commit un assassinat sur la personne de la veuve Loddé et sous le nom de Jean Iroux acquit une déplorable célébrité; en 1845, on le voit désoler le département du Gard; en 1846 il devient tristement célèbre en Belgique et sous le nom de Pictompin il fait un tintamarre effroyable dans ce pays et dans les pays circonvoisins; en 1847, il apparait dans les Ardennes, semant partout le deuil et la désolation.

Mais, parce qu'un brigand, déjà neuf fois contumace a épouvanté nos départements pendant un quart de siècle, est-ce une raison pour annihiler par une seule sentence, l'action puissante de la justice et soustraire cette illustre canaille aux neuf sentences précédentes, à ces neuf condamnations à mort évitées avec tant d'astuce et d'habileté?

Eh! oui, messieurs! Là est toute la question! Et comme on fait la part du feu, j'appellerai cela faire la part du crime! Oui, messieurs les jurés, au nom de la société! au nom de la famille, au nom de la propriété foncière, au nom de la sécurité publique, au nom des lois qui veulent être exécutées, de la justice dont les arrêts veulent être respectés, — acquittez ce coupable! — Et puis alors, je serai avec vous pour poursuivre les neuf contumaces de ce misérable gredin!

QUATRIÈME TABLEAU

(Le théâtre représente la salle des délibérations du jury.)

Monsieur Prud'homme, chef du jury (HENRY MONNIER), entre en scène suivi de FÉLIX qui lui sert de compère, et des principaux artistes dramatiques de Paris.

M. PRUD'HOMME.

Messieurs! nous voici face à face avec notre conscience et des poisons vénéneux! Non point que je vous engage, comme c'est mon devoir, à y goûter et à risquer ainsi une vie honorable, mais enfin, c'est la seule nourriture que la justice nous ait encore offerte jusqu'à ce jour pour nous sustenter, et elle me paraît peu nourrissante. Qu'en pensez-vous, mon cher monsieur Félix ?

NOTA. Tout ce tableau ne se compose que d'imitations d'artistes et n'a nullement rapport à l'action. — Citons seulement l'imitation des FRÈRES LIONNET dans un pastiche des PRUNES D'ALPHONSE DAUDET. — Quelques strophes sur LA BOSCHETTI — ex-premier mollet de l'Opéra et des couplets en l'honneur!!! de THÉRÉSA et de SUZANNE LAGIER!

LES FRÈRES LIONNET

TRIOLETS

ANATOLE.

I

Si vous voulez savoir comment
Le soir nous récitons *les Prunes*,
Écoutez-nous bien seulement
Si vous voulez savoir comment.

Daudet, ce poëte charmant
Et poëte à bonnes fortunes
Est le seul qui sache comment
Le soir nous récitons *les Prunes!*

A toi, Hippolyte!

HIPPOLYTE.

II

Mon frère avait assez de voix,
Et moi, j'imitais les comiques;
Nous chantions tous deux à la fois,
Mon frère avait assez de voix!
Chez les seigneurs, chez les bourgeois
On nous trouva très-sympathiques,
Mon frère avait assez de voix,
Et moi, j'imitais les comiques!

A toi, Anatole!

ANATOLE.

III

Notre chemin se fit ainsi
Choyés tous deux par le caprice,

Ayant le *sol* et lui le *si*,
Notre chemin se fit ainsi.
Nous n'eûmes de réel souci
Qu'à l'époque de la milice.
Notre chemin se fit ainsi
Choyés tous deux par le caprice

A toi, Hippolyte!

HIPPOLYTE

IV

Eh oui, messieurs! Voici comment
Le soir nous récitons *les Prunes* :
Daudet en est reconnaissant.
Et voulez-vous savoir comment?
— Nous les disons le plus souvent
Pour soulager les infortunes.
Et Daudet aime en ce moment
Les Prunes dites pour des prunes!

(Ils sortent

LA BOSCHETTI

Le soir, quand dans ce temple appelé l'Opéra
        Les chants s'évanouissent,
Alors, sur chaque affiche on lit : — LA MASCHERA.
        Les loges se garnissent !

On voit vêtus de noir, gantés de beurre frais
        Et souriant encore
Les critiques franchir les degrés du palais
        Où règne Terpsichore !

Les laquais, — aux manchons honteusement placés [1].
        Sous les colonnes hautes,
Péripatéticiens longuement exercés,
        En parlant font des fautes!

Les cochers gravement assis comme des sphinx
        Aux grooms nains en imposent;
Cependant que chez eux humectant leur larynx
        Les ténors se reposent!

La salle est pleine; — on va commencer. — AMINA [2]
        Vivement se prépare.
Elle a peur.... cette enfant; — Car aucun ami n a
        Payé la claque avare!

Mais la voici! Voyez! la crainte a disparu..
        Ah! c'est, je l'imagine,
Qu'un regard protecteur et bon a secouru
        La trop craintive AMINE;

C'est que Taglioni se trouve là [3]! — Sa voix
        La soutient et la guide....
L'enfant part! — C'est alors qu'en même temps je vois
        L'une et l'autre sylphide!

---

[1] Sous le cou — signe de servitude.
[2] Prénom de la Boschetti.
[3] Taglioni la grande est le maitre de la Boschetti.

THÉRÉSA [1]

Air : *Rien n'est sacré pour un sapeur*

LE SAPEUR.

1

Il faudrait m'excuser, mam'selle,
De me présenter sans façon ;

[1] THÉRÉSA vient avec son sapeur — son cheval de bataille! — Elle

Mais votre renom étincelle
Sur tout l'devant du bataillon,
Dans notre vill' de garnison !
T'nez ! c'est l'bataillon qui m'envoie
Dans l'but de vous ravir le cœur !
Que j'vous séduis'!... Ça f'ra ma joie'... } bis.
Rien n'est sacré pour un sapeur !

THÉRÉSA.

II

Monsieur l Sapeur, je suis-t-'honteuse,
De l'honneur que vous me fait's là ;
Avec vous, je doi- êtie heureuse,
Et vous l'serez, je n'vous dis qu'ça !
Foi d'cantatric'! Foi d'Thérésa!

(Aux femmes du monde.)

Mesdam's, la chanson est finie
Excusez les faut's de l'auteur !
Dormez en paix ! Point d'insomnie! } bis.
Et n'allez pas rêver Sapeur !

ne l'a remisé que le jour où elle s'est transformée en *Femme à barbe*. — Pardonnez-moi cette littérature barbare, cher lecteur, mais si je ne patoisais pas, qui me comprendrait dans la Famille Benoiton? — Fanfan peut-être, qui comprend tout ?... Mais je ne tiens pas à être compris par Fanfan.

SUZANNE LAGIER

Air : *On a d'ça* [1] *!*

Amis ! ma chanson est triste !
Le Public m'aimait, — Hélas !
Le Directeur, — fantaisiste,
M'oubliait, — ne croyant pas

[1] Paroles de Deshortiés, musique de Henri Cellot — un des succès de l'Eldorado.

Qu'javais dç'a !
Comm' tout véritable artiste !
Nom de d'là !
J'avais d'ça !

I I

Depuis, comme la Cigale,
Je chante, — en côtoyant l'Art, —
Mais que vienne une Rafale
Qui me pousse au Boulevard !
J'aurai d'ça !
Du Drame j'ai la fringale
Nom de d'là !
Car j'ai d'ça !

Après ces imitations de voix, de style, et de genre, M. Prud'homme complétement édifié sur les opinions de ses collègues propose de lever la séance. — Qui ne dit mot consent et la toile tombe.

CINQUIÈME TABLEAU

Le dénoûment, on le devine, Belenfant est acquitté pour purger ses neuf contumaces, et l'auteur vient, sur l'air de Fualdès chanter ce couplet au public.

Cet innocent badinage
Ne peut pas, en vérité
Renverser la Société
Et déifier le carnage;
Il veut sur l'air de Fualdè,
Avoir un peu de succès.

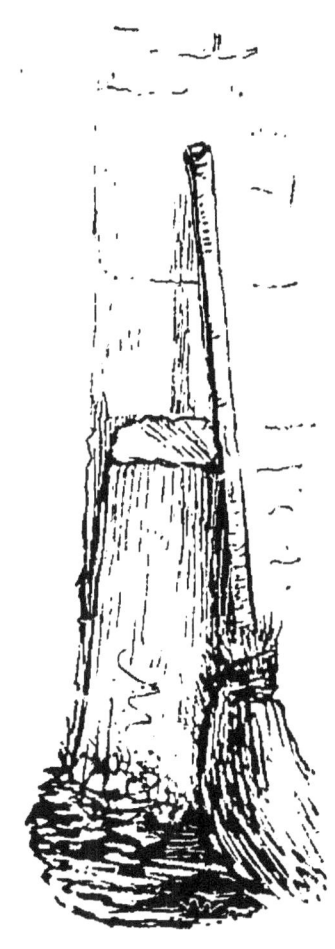

LES DEUX RATS

Cette saynète a été représentée pour la première fois au chalet de la Direction à Vichy, le 15 juillet 1865.

LES DEUX RATS

SAYNÈTE ÉLECTORALE

EN VERS

Avec chant, danses et imitations

Le théâtre représente un palais mauresque splendidement illuminé. — Au milieu, sur le devant, table ronde avec verres et flacons. — Un fauteuil à droite, une chaise à gauche.

SCÈNE PREMIÈRE

DEVILLE, *entrant par le fond.*

Mes ordres ont été suivis! — c'est magnifique!
Des fleurs partout! partout de l'or! palais magique,

Qui croirait, en voyant ton aspect enchanteur,
Qu'hier tu n'étais rien que l'égout collecteur?
— Paris seul peut offrir de ces métamorphoses!
— On pourra dire, au moins, que je fais bien les choses!
Préparons le repas..... car je traite aujourd'hui
Un électeur... monsieur Deschamps, — homme établi,
Ayant dix mille voix au moins dans sa province,
Un très-brave garçon !... un esprit assez mince
Mais qu'importe après tout si son excellent cœur
Me fait représenter notre égout collecteur
A la chambre des rats ! — car c'est là que je vise !
— Je sais qu'on peut blâmer cette noble entreprise
Mais, dit un vieux dicton qu'on ne peut contester
D'égouts et des couleurs on ne doit discuter !...
Le voici. — Dieu! quel chic ! — il vient dîner en blouse !
Mais bath ! Ce n'est pas lui, comme on dit, que j'épouse.

SCÈNE II

DEVILLE, DESCHAMPS *en blouse, sa casquette à la main.*
(Ils se font de grandes salutations.)

DEVILLE.

Monsieur le Rat Deschamps, votre humble serviteur !

DESCHAMPS *(voix de paysan normand).*

Ben obligé, monsieur Deville, j'ai l'honneur

De vous en dire autant ! et madame Deville
Va-t-elle bien ? ainsi que la petite fille ?

DEVILLE, *avec empressement.*

Bien, très-bien ! mais je veux vous demander céans
Comment va la santé de madame Deschamps.
Votre aîné doit avoir toujours de la malice?
Et le cadet, est-il encor chez la nourrice?
Parlez-moi d'eux, après nous parlerons de moi.

DESCHAMPS.

Parlons de vous d'abord, c'est l'important, je croi.

DEVILLE.

Vous le voulez? Eh bien ! il faut nous mettre à table.

(Ils se mettent à table. Deville verse à boire pendant tout le repas.
Deschamps, le nez dans son verre, feint de s'enivrer.)

Et d'abord, goûtez-moi de ce vin délectable.
C'est un petit nectar, mûri sur les coteaux
Qui dominent Suresne, Argenteuil et Puteaux.
Il est pur! Comme moi, du reste, en politique.
J'eus toujours grand souci de la chose publique !
— Petit, j'aimais déjà l'ordre ! Les régiments
Me voyaient suivre au pas les tambours éclatants...
Je les suivais, ma foi ! jusque dans leurs cantines.

DESCHAMPS, *posant son verre.*

Et le commerce?

(Il reprend son verre.

DEVILLE.

J'ai visité nos usines,
Celles de suifs surtout, ou bien de chocolats;
Puis de la halle aux blés j'ai rongé quelques sacs,
Et que de fois du jour les lueurs matinales
M'ont-elles réveillé dans les Halles-Centrales!

DESCHAMPS, *même jeu que plus haut.*

Vous n'avez, je le vois, point perdu votre temps.
Et de l'art, qu'en pensez-vous de l'art?

DEVILLE.

Dans les moments
De repos, j'aime assez d'excellente musique!
Il faut l'encourager. Non pas que je me pique
D'être grand connaisseur, mais sans cet art si beau
Nous fabriquerait-on des cordes à boyau?
Où serait le papier sans la littérature?
Et la toile, la toile aussi, sans la peinture?
Il faut encourager les arts!

DESCHAMPS, *même jeu.*

C'est fort bien dit!
Aucun de ces sujets ne vous laisse interdit.

Vous avez fait, je vois, l'étude spéciale
De ce dont peut avoir besoin la capitale.
Les champs ont-ils pour vous la même affection ?
Comment entendez-vous, monsieur, l'instruction ?

DEVILLE.

Moi, je la veux gratuite ainsi qu'obligatoire!
Que chaque paysan ait plume, encre, écritoire,
Et sache s'en servir! Qu'il lise nos auteurs,
Qu'il puisse devenir un des grands orateurs
Du pays! Et qu'il donne au pays sa parole
D'envoyer ses enfants chez le maître d'école!

DESCHAMPS.

Le labourage?

DEVILLE, *vivement*.

Il faut l'encourager aussi.
On fera des concours!

DESCHAMPS.

Je vois dans tout ceci
Que, pour représenter les rats, vous êtes l'homme
Qu'il nous faut, libéral, actif, juste, économe!

DEVILLE, *l'embrassant*.

Oh! vous me ravissez. Laissez-moi sans façon
Pour vous remercier vous dire une chanson .

Sur un air très-connu, quoique peu poétique.

(Lui donnant un mirliton.)

Vous m'accompagnerez avec cette musique.
Allez! faites l'accord. Je vais improviser
Sur l'air que Thérésa sut immortaliser.

AIR : *Rien n'est sacré pour un sapeur.*

Deschamps fait la ritournelle et l'accompagnement sur le mirliton

    Ma faconde a su vous séduire.
    Grâce à vous, je deviens puissant!
    Vous me promettez de m'élire,
    Je serai très-reconnaissant,
    Et je vous rendrai cent pour cent
    Si j'ai l'un de nos ministères,
    Vous n'aurez jamais d'embarras,
    Car je détruirai les ratières
    Et je protégerai les rats!

DEVILLE.

Enlevons donc la table et mettons-nous à l'aise.

(Ils enlèvent la table servie.)

DESCHAMPS, *prenant le fauteuil à droite.*

Je prends votre fauteuil.

DEVILLE, *prenant la chaise.*

J'enlève votre chaise,
Et nous allons danser !

DESCHAMPS.

Moi, j'aime assez cela !

DEVILLE.

Sur un air du pays : Tra la la, tra la la !
Chantez, nous danserons.

DESCHAMPS.

Je connais la romance
De la soupe à l'oignon. — Écoutez, je commence !

AIR NOUVEAU DE LINDHEIM :

(Aie ! aie ! aie donc !)

J'aime l'ail et l'oignon,
J'aime la soupe à l'huile,
L'macaroni qui file,
Le poisson et l'anguille,
L'olive et le melon,
Aie, aie, aie, aie donc !
J'aime l'ail et l'oignon.

I

Pour faire cette soupe,
Que votre couteau coupe
Mieux qu'un rasoir anglais !
Que l'oignon, sous cette arme,
Verse d'abord sa larme,
Et puis la sèche après.

II

Puis mettez dans le beurre.
Qui par avance en pleure,
Ces oignons désolés ;
Et que la fricassée
Frissonne courroucée
Sur les fourneaux brûlés !

III

Qu'enfin l'onde écumante
A la friture ardente
Fasse faire un plongeon !
Telle est, simple et complète
La meilleure recette
De la soupe à l'oignon !

(Entre chaque couplet ils dansent une bourrée.)

DEVILLE, *à part.*

Je crois que je le tiens!

DESCHAMPS, *à part.*

Il pense me tenir!

(Haut.)

Mon cher monsieur Deville, il faut vous avertir
Que danser, c'est très-bien; chanter, c'est mieux encore,
Mais que l'art oratoire est un art que j'adore;
— A la chambre des rats qui parlera pour vous?

DEVILLE.

— Allons, vous plaisantez! — Je le dis entre nous,
Je suis, je le confesse, un orateur factice;

(Mystérieusement.)

Mais je possède un truc.

DESCHAMPS, *étonné.*

Un truc?

DEVILLE.

Une malice,
Si vous voulez; je sais contrefaire les voix
Des acteurs renommés que j'ai vus tant de fois.
De chacun d'eux je sais la note dominante.

Écoutez! je rendrai la Chambre confiante
Lorsque FÉLIX dira[1] : « *Sapristi! je voudrais,*
» *Messieurs, chez les enfants trouver plus de progrès!*
» *Les enfants! on leur fait un faux tableau du monde.*
» *Sapristi! Le régent qui les flatte ou les gronde*
» *Sapristi! le fait-il en bon père, en ami?*
» *Ou bien ne fait-il pas sa besogne à demi?* »

DESCHAMPS.

Évidemment ce son imite à s'y méprendre
Celui que prend FÉLIX.

DEVILLE.

     Maintenant, je vais rendre
Une interruption, dans ce parler gouailleur
Qu'au Gymnase a choisi le comique LESUEUR :
« *Corbleu! ce que nous dit monsieur le commissaire*
» *Au sujet de la loi, ne fait pas notre affaire!* »
La Chambre rit et la loi passe, tout est là!
Faut-il prendre la voix naïve? Eh bien! voilà
LAURENT qui se lamente : « *Oh! qué n'affreuse histoire!*
» *Oh! que ne souffre! O Dieu! que ne voudrais bien boire!* »
Le verre d'eau sucrée est soudain apporté.
Aimez-vous mieux la voix d'un acteur emporté?
« *J'aimerais fort, messieurs, qu'on s'explique et qu'on tranche*
» *Dans le vif! L'ennemi! j'en voudrais une tranche!*
» *Je suis de ceux qui vont tout droit à l'ennemi*
» *Et je ne fais jamais les choses à demi!*

---

[1] Imitation de la voix de Félix, du Vaudeville. — Les imitations sont en italiques et guillemetées.

» *Car je l'écraserais tout comme une méringue!* »
Vous avez reconnu celui-là, c'est Mélingue.
Pour lui répondre, il faut un orateur banal
Et lent. — Je vais alors prendre la voix d'Arnal :
« *Ah! mais, monsieur, pardon! vous passez la limite.*
» *Comme dans une pièce ayant quelque mérite,*
» *Un vaudeville ancien,* Passé-Minuit, *je crois,*
» *Je vous dirais : Monsieur, mais... vous mettez du bois!* »

DESCHAMPS.

Eh bien! j'en dis autant; vous abusez, compère,
Je ne crois pas en vous, vous croyant peu sincère ;
Je me méfie assez de vos intentions;
Vous pouvez faire ailleurs vos imitations!
Mon cher monsieur Deville, enfin, qu'il vous souvienne
Qu'ayant par trop de voix, vous n'aurez pas la mienne.

(Il sort.)

DEVILLE.

Oh! malheur! Cependant il me reste un espoir :

(Au public.)

Messieurs! puis-je compter sur votre voix ce soir ?

LES

PUPAZZI DE L'ATELIER

Après ceux du salon, ceux de l'atelier! pas TOUS *ceux de l'atelier. — Le lecteur voudra-t-il me pardonner ce sans gêne?*

UN DRAME A ENFANT[1]

PERSONNAGE

TÉRÉSA, 23 ans, femme mariée, coupable, mais innocente. — Éponge à larmes que l'auteur peut prendre quand il lui plaît.
MARIANNE, grande utilité sans caractère et sans conséquence.
FABIO, l'Antony de la chose.

Le théâtre représente une pauvre mansarde. — Sur le devant de la scène, Térésa est assise à côté d'un berceau, dans lequel est un enfant qu'elle contemple avec amour; elle a les yeux pleins de larmes, et, de temps en temps, elle jette du côté de la porte des regards inquiets.

SCÈNE Ire

TÉRÉSA, *seule*.

Mon enfant! mon cher enfant! toute ma joie! ma consolation! toi que j'aime! toi, ma sauvegarde! Cher petit enfant! je t'aime! je t'adore! etc., etc., etc...

[1] Cette pochade a été faite après avoir entendu raconter le sujet par Méry.

SCÈNE II

TÉRÉSA, MARIANNE.

MARIANNE.

Vous m'avez appelée, madame ?

TÉRÉSA.

Non, Marianne, je parlais à mon enfant; mon cher enfant! toute ma joie!... etc.

(Comme ci-dessus.)

MARIANNE.

Vous l'aimez donc bien?

TÉRÉSA.

Si je l'aime! Mon enfant! etc... (*On frappe.*) On a frappé, je crois. N'ouvre pas, Marianne. Cher enfant!

(Elle se penche sur le berceau.)

MARIANNE.

On ne cesse de frapper, madame

TÉRÉSA.

Alors, va ouvrir! Qu'ai-je à craindre, d'ailleurs? Mon enfant n'est-il pas avec moi? Mon cher enfant!... etc.

(Marianne va ouvrir.)

SCÈNE III

Les Mêmes, FABIO.

FABIO.

Térésa! je vous vois enfin!

TÉRÉSA, *à part*.

Cher enfant! protége-moi!... (*Haut*.) Ne t'éloigne pas, Marianne. (*A Fabio*.) Oui, Fabio, vous me voyez avec mon enfant, mon cher enfant, etc.

FABIO

Ne puis-je vous entretenir en secret quelques instants?

TÉRÉSA, *à part.*

Cher enfant! (*Haut.*) Mais, Fabio?...

MARIANNE.

Souvenez-vous de vos serments, madame; votre mari revient aujourd'hui même, et ce n'est pas après une année de lutte qu'il vous faut être faible le dernier jour!

FABIO, *d'une voix tendre.*

Térésa! Térésa! me refuserez-vous cette grâce? Un mot! un seul! et je fuis pour toujours!!!

TÉRÉSA.

Tu vois, Marianne, il n'a qu'un mot à me dire, et il va s'enfuir pour toujours! Et, d'ailleurs, que redoutes-tu pour moi? N'ai-je pas là mon enfant? Mon cher enfant! ma joie! ma sauvegarde!! etc., etc. .

(Marianne sort.)

SCÈNE IV

TÉRÉSA, FABIO.

FABIO.

Écoute, Térésa! les moments sont précieux! Ton mari peut nous surprendre d'un moment à l'autre; viens! Une voiture nous attend à la petite porte du jardin; nous allons faire un tour de bois, et, au bout d'une heure, je te ramène à ton enfant et à ton mari.

TÉRÉSA.

Que me proposes-tu, Fabio? — Au fait, oui, c'est peut-être plus prudent! (*Au berceau.*) Cher enfant!

FABIO.

Allons, viens! Fuyons!

TÉRÉSA, *appelant.*

Marianne, mon châle et mon chapeau!

SCENE V

Les Mêmes, MARIANNE.

MARIANNE.

Quoi! madame va sortir? Et son enfant?

TÉRÉSA.

Ah! oui! mon enfant! Ne crains rien pour ma vertu, chère Marianne. Cet enfant m'accompagnera, je mettrai le berceau dans la voiture! Cher petit être! toute ma joie! ma consolation! ma sauvegarde! mon enfant!...

FABIO.

Y penses-tu? Térésa! Cet enfant avec nous? Et si ton mari revient pendant notre absence, que dira-t-il en ne revoyant plus son fils?

TÉRÉSA.

C'est vrai! Fabio! Fabio! n'abusez pas de la confiance que j'ai en vous!

MARIANNE.

Quoi! madame, vous abandonnez votre enfant?

TÉRÉSA.

Ne crains rien, chère Marianne, veille sur lui; pour moi, son image me suit partout! J'ai son portrait sur mon sein, et d'ailleurs ses traits sont dans mon cœur! Ce cher enfant! ma joie! ma consolation! ma sauvegarde! etc...

FABIO.

L'heure agile s'enfuit! O Térésa! viens! viens! viens! Fuyons!

TÉRÉSA.

Veille sur mon enfant, Marianne, à bientôt!

FABIO, *à part.*

Elle est à moi!!!

(Ils sortent.)

SCÈNE VI

MARIANNE, *seule*.

C'est sûr qu'elle ne reviendra pas! Et mais, qu'est-ce que je vais faire de son enfant, à présent?

(La toile tombe.)

LE VRAI BONHOMME

DRAME HISTORIQUE EN CINQ ACTES

PERSONNAGES

M. MACHIN, directeur de théâtre.
M. X..., auteur dramatique.
M. NIGOT, collaborateur dramatique.
M. PIGETOUT, machiniste dramatique.
M. PORFRAIS, trésorier dramatique.
M. CHOSE, étoile dramatique.
Un garçon de théâtre. — François. — Un gamin. — Un passant. — Un portier. — Le public.

ACTE PREMIER

La salle à manger de M. Pigetout.

SCÈNE Ire

MM. MACHIN, NIGOT, PIGETOUT, PORFRAIS et CHOSE, *autour d'une table bien garnie.*

M. PIGETOUT.

Nigot ! puisque François est sorti, servez-nous donc du vin !

NIGOT, *se levant vexé et apportant le vin.*

Voilà, patron ! mais il était convenu que je ferais vos drames, et non pas vos commissions !

M. PIGETOUT, *montrant ses dents.*

Très-joli !

M. MACHIN.

Venons au fait, combien êtes-vous dans l'affaire ?

M. PIGETOUT.

Nous sommes deux, Nigot et moi !

NIGOT.

Pardon, cher maître, vous d'abord, et moi ensuite ; puisque vous signez en premier.

M. PIGETOUT.

Très-joli ! Par Isaac, fils de Jacob ! très-joli !

M. MACHIN.

Et quand lirons-nous cela ?

M. PIGETOUT.

Demain ! L'auteur doit m'apporter le manuscrit.

M. MACHIN.

Comment l'auteur ?

M. PIGETOUT.

Oui, mon deux pour cent !

SCENE II

Les Mêmes, FRANÇOIS.

FRANÇOIS.

Monsieur, il y a quelqu'un dans l'antichambre, qui désire vous parler.

M. PIGETOUT

Dites que je suis sorti !

FRANÇOIS.

Ce monsieur m'a donné sa carte, persuadé que vous le recevriez en la lisant. La voici.

M. PIGETOUT.

M. X..., je n'y suis pas ! Faites ce que je vous ai dit.

SCÈNE III

Les Mêmes, excepté FRANÇOIS.

M. MACHIN.

Qu'est-ce que c'est donc que ce M. X...?

M. PIGETOUT.

C'est l'auteur de la pièce !

(Tableau.)

ACTE II

Le cabinet de M. Porfrais.

SCÈNE Ire

M. PORFRAIS, M. MACHIN.

M. PORFRAIS.

Voici votre compte bien établi :

Trente représentations d'un vaudeville dont je touche moitié pour vous, soit quinze francs par soirée, ce qui fait pour vous deux cent vingt-cinq francs ;

Deux cents billets, à deux francs l'un dans l'autre, quatre cents francs ;

Un tiers dans les droits du dernier drame, qui a produit quarante-cinq mille francs, soit quinze mille francs.

Ce qui fait en tout quinze mille six cent vingt-cinq francs.

M. MACHIN.

J'ai besoin de cinquante mille francs : j'ai le drame de Pigetout à monter. Chose est engagé et me prend cher ; je compte là-dessus pour attendre l'été, où j'ai ma féerie ; mes recettes actuelles baissent, il faut m'aider.

M. PORFRAIS.

Eh bien ! venez demain, nous en causerons.

M. MACHIN, *sortant*.

Venez demain déjeuner chez moi, nous terminerons l'affaire.

M. PORFRAIS.

Convenu !

SCÈNE II

M. PORFRAIS, M. CHOSE.

M. CHOSE, *entrant.*

Bonjour, cher ami, ça va bien? Et madame? Allons, tant mieux! Donnez-moi donc dix mille francs! Je change mon meuble de salon, cela m'est indispensable.

M. PORFRAIS.

Impossible en ce moment, cher ami, *Machin* sort d'ici et m'a mis à sec.

M. CHOSE.

Machin? diable! Je suis engagé avec lui pour la pièce nouvelle, il ne va donc pas?

M. PORFRAIS.

Eh! eh!

M. CHOSE.

Diable !

M. PORFRAIS.

Voyons ! Je ne veux pas vous voir dans l'embarras, faisons une affaire : j'achète vos droits. — Combien avez-vous par soirée ?

M. CHOSE.

Trois cents francs et cinquante représentations assurées.

M. PORFRAIS.

Eh bien ! revenez demain, je vous donnerai dix mille francs, et vous me ferez une délégation de vos droits.

M. CHOSE.

Oh ! vous êtes cher !

M. PORFRAIS.

Moi ! j'emprunterai pour vous les donner ! Mais que ne ferait-on pas pour un ami !

M. CHOSE.

Allons, à demain, cher ami ! (*Il sort.*)

SCÈNE III

M. PORFRAIS, M. X...

M. PORFRAIS.

Qu'est-ce qui vient encore me déranger ?

M. X...

C'est moi, monsieur ; je suis l'auteur de la pièce que M. Pigetout fait avec M. Nigot.

M. PORFRAIS.

Ah ! ah ! M. X... je crois... Qu'est-ce qu'il y a pour votre service ?

M. X...

On m'a dit, monsieur, que vous pourriez me faire des avances sur mes droits, et je venais...

M. PORFRAIS.

Quelle est votre part?

M. X...

M. Pigetout a pour lui seul dix pour cent; — nous partageons, M. Nigot et moi, les deux pour cent qui restent.

M. PORFRAIS.

Qu'est-ce qu'il a donc fait dans l'affaire, Nigot?

M. X...

C'est lui qui m'a présenté à M. Pigetout; alors, quand l'affaire a été emmanchée, il m'a dit qu'il était de la pièce.

M. PORFRAIS.

Enfin, vous avez un pour cent.

M. X...

Oui, monsieur.

M. PORFRAIS.

Eh bien! qu'est-ce que vous voulez?

M. X...

Dame! monsieur, j'aurais besoin de... cinq cents francs.

M. PORFRAIS, *bondissant*.

Cinq cents francs! Mais vous êtes fou! Mais vous ne touchez qu'un pour cent, et si la pièce ne réussit pas, et si la censure l'arrête, et si *Chose* tombe malade... Non, non, je risque trop, définitivement, et puis... je n'ai pas d'argent dans ce moment-ci...

M. X...

Enfin, monsieur, j'en ai besoin, cependant!...

M. PORFRAIS, *après un silence calculé*.

Voyons! C'est la première fois que nous faisons une affaire ensemble, je ne veux pas que vous me preniez pour un Arabe. Je suis l'ami des auteurs, moi, je les ai tous faits... Tenez, voulez-vous cent francs, et vous m'abandonnez votre part de droits et de billets...?

M. X..., *soupirant*.

Oui, monsieur!

M. PORFRAIS.

Signez-moi ce petit papier timbré, qui est ma garantie, voici cinq louis... C'est bien cela !

M. X..., *empochant son argent.*

Est-ce que vous connaissez la pièce ?...

M. PORFRAIS.

Très-jolie! jeune homme, un grand succès, et je m'y connais! Vous arriverez, allez, comme tout le monde! Travaillez! Allons, adieu ! (*M. X... sort.*)

ACTE III

Le cabinet du directeur de théâtre.

SCÈNE Ire

M. MACHIN, M. CHOSE.

M. MACHIN.

Nous avons le troisième, Pigetout rarrange les deux derniers, que nous aurons demain.

M. CHOSE.

Très-bien! seulement, au second, Adolphe a une grande scène qui nuit à mon entrée.

M. MACHIN.

Elle est indispensable!

M. CHOSE.

Cher ami, rien n'est indispensable au théâtre. C'est moi qui suis le rôle, c'est moi qui suis la pièce. Voyons, il faut couper cela.

M. MACHIN.

Attendons Pigetout.

SCENE II

LES MÊMES, PIGETOUT.

M. PIGETOUT.

Bonjour, Chose! Bonjour, Machin! J'apporte le trois.

M. CHOSE.

La scène du duel.

M. PIGETOUT.

Vous y êtes blessé!

M. CHOSE.

C'est impossible ! Je suis le rôle ! je suis la pièce ! Je ne peux pas être blessé au trois.

M. PIGETOUT.

C'est pour avoir le quatre. Je ne puis pas faire le quatre sans vous blesser au trois.

M. CHOSE.

Mais si, cher ami, voyons, résumons la pièce. — Comme il est convenu, le titre est : *Le vrai Bonhomme*. — Je suis le vrai bonhomme. — Au premier, on me vole, je pleure, je jure de me venger, j'apprends que ma fille s'est enfuie avec le voleur, je pleure... tableau. — Le premier va bien ; j'enlèverai la scène du voleur et de ma fille, qui fait longueur et qui nuit à mon entrée ; on raccourcira le rôle du comique, qui dispose mal aux émotions de la scène trois ; on enlèvera la scène d'amour... le premier acte ira tout seul ensuite.

M. MACHIN.

Nous conservons le décor de l'intérieur, j'en ai un très-joli.

M. CHOSE.

Mais non, mon cher, il me faut un décor neuf ; je vous apporterai le croquis. Passons au deux : là, j'ai ma scène avec Arthur. — Elle est trop longue. — Arthur me provoque : bien ! mais vous le faites me souffleter, c'est maladroit ! — Vous oubliez toujours que je suis le rôle, que je suis la pièce !

M. PIGETOUT.

Mais cependant, cher ami, si on ne vous soufflette pas…, pour quel motif vous battez-vous ?

M. CHOSE.

Il m'insulte, cela suffit ! Du reste, vous arrangerez cela. — Au trois, vous me faites blesser, je n'en veux pas !

M. MACHIN.

Mais, enfin, comment ferons-nous le quatre sans le trois ?

M. CHOSE.

Ce n'est pas mon affaire.

M. PIGETOUT.

Enfin, cette blessure est pour amener la scène de folie du quatre ; la scène de folie est impossible sans cela.

M. CHOSE.

Vous plaisantez ! Enfin, je ne veux pas que M. Arthur ait un effet à côté de moi.

M. PIGETOUT.

Mais c'est un effet qui vous est favorable.

M. CHOSE.

Du tout, mon cher, du tout ! L'effet est pour lui, je le sens bien, je n'en veux pas ! — Et le cinq, l'avez-vous trouvé ?

M. PIGETOUT.

Pas encore, nous avons le temps.

M. CHOSE.

Au fait, je m'étonne, cher ami, de vos objections au sujet de mon rôle. Je sais cependant assez que vous n'êtes pas scrupuleux en fait d'impossibilités. Vous cussiez fait perdre la bataille d'Austerlitz à Napoléon, si cela vous eût été utile. Avec vous, on peut jouer avec l'anachronisme. La pucelle d'Orléans aurait eu un amant, Lacenaire aurait été honnête homme, et le petit Manteau-Bleu un fripon.

M. PIGETOUT, *montrant ses dents.*

Par Isaac, fils de Jacob! très-joli!

M. CHOSE.

Enfin, songez-y!

SCENE III

LES MÊMES, UN GARÇON DE THÉATRE.

LE GARÇON DE THÉATRE.

Monsieur, on vous attend!

M. CHOSE.

J'y vais! Venez-vous, Pigetout? (*Il sort.*)

M. PIGETOUT, *à M. Machin.*

C'est une pièce à refaire, je vais écrire à X...

(Ils sortent.)

ACTE IV

La scène du théâtre le soir de la première du *Vrai Bonhomme.*

SCÈNE Ire

VOIX DU PUBLIC, *dans la salle.*

Tous ! tous ! L'auteur ! Chose ! Chose ! Tous ! L'auteur ! *(La toile se lève.)* Bravo ! bravo ! — Chut !

UN GAMIN.

Silence, là-bas ! ou j'te démolis !

SCÈNE II

M. CHOSE, *entrant.*

LE PUBLIC.

Bravo ! bravo !

M. CHOSE.

Mesdames et messieurs ! La pièce que nous avons eu l'honneur de représenter devant vous est de MM. Pigetout et Nigot; la musique de M. Bémol; les décors de MM. Épinard et Bleu-d'Azur; les machines de M. Letruc; les costumes dessinés par M. Mannequin, exécutés par Mme Reprise; les candélabres de M. Soleil; les bougies de M. du Suif; le piano de M. Bécarre ; les corbeilles de fleurs de Mme Fleury; les souliers de M. Veaupiqué; les bas de Mme Filoselle; les chemises de M. Peautendre; les gilets de M. Coutil; les mouchoirs de poche de M. l'Enrhumé; les applaudissements de M. Romain.

LE PUBLIC.

Bravo ! Chose ! Tous ! tous ! tous !

M. CHOSE, *venant saluer seul le public.*

LE PUBLIC.

Bravo ! bravo ! Tous !

Tableau. — La toile tombe.

ACTE V

Sur le boulevard.

SCÈNE Ire

X..., *se promenant.*

Je n'ai pas pu entrer dans la salle ; toutes les places étaient louées ! La pièce a-t-elle réussi ?... (*A un passant.*) Monsieur, vous sortez du théâtre ?

LE PASSANT.

Oui, monsieur !

X...

Pouvez-vous me dire si la pièce nouvelle a réussi?

LE PASSANT.

La pièce de Pigetout? oui, monsieur. CHOSE y est admirable. C'est un grand succès!

X...

Merci, monsieur. Allons, je la verrai demain; rentrons.

(*Il frappe à sa porte.*)

SCENE II

LE PORTIER, *en dedans.*

Qui est là?

X...

C'est moi : X...

LE PORTIER.

Il est minuit passé... c'est dix sous, monsieur.

x..., *entrant et donnant ses dix sous.*

Voilà! (*A part.*) Allons! je ne déjeunerai pas demain.

(*Il escalade ses cinq étages et se couche sans chandelle.*)

LE
CAMP DE SAINT-MAUR

SCÈNES BOURGEOISES & MILITAIRES

M. Gobard, sa femme et son fils Jujule, lequel a eu cette année un accessit au collége, sont partis pour le camp de Saint-Maur. Ils ont loué une tapissière, et pour la remplir ils ont invité M. et Mme Courbemanche et leur fille, âgée de dix-huit ans, et portant le nom d'Aspasie. La voiture est bourrée de provisions ; Agathe, la bonne de M. Gobard, en a soin.

M. Courbemanche est professeur au collége ***.

SCÈNE Ire

La grande avenue de Vincennes. — Voitures à perte de vue... poussi *idem.*

M. GOBARD.

Oh ! voyez donc toutes ces voitures Comme on est jobard à Paris !

M. COURBEMANCHE.

Mais, monsieur Gobard, j'estime fort cette curiosité de l'habitant; rien n'est plus naturel pour une âme sensible que d'aller se retremper dans la vue de ces vaillants guerriers qui, au prix de leur sang et au péril de leur vie, ont su rendre à l'Italie opprimée sa liberté et son indépendance!

M. GOBARD.

Ce sont des idées et des phrases semblables qui, lorsqu'elles sont portées vers un but différent, font les révolutions, n'est-ce pas, M. Courbemanche?

M. COURBEMANCHE, *modestement*.

Mon Dieu, c'est de l'éloquence!

MADAME GOBARD.

Ah çà! vous voilà encore à parler rhétorique, comme vous dites, nous sommes tous venus ici pour nous amuser, amusons-nous!

MADAME COURBEMANCHE.

Ah! pour ceci, c'est bien parlé; car ces messieurs ne nous adressent même pas la parole, que nous sommes obligées de nous l'adresser soi-même, n'est-ce pas, madame Gobard? n'est-ce pas, Anaspasie?

M. COURBEMANCHE.

Pourquoi écorches-tu toujours le nom de ta fille ? Elle a nom Aspasie, un nom propre grec.

MADAME COURBEMANCHE.

Moi, j'aime mieux l'appeler Anaspasie, au moins c'est un nom chrétien.

ASPASIE.

Mon père est si bon !

MADAME GOBARD, *bas à M. Gobard.*

Ah ! elle a parlé ! Est-elle bête cette fille-là !

M. GOBARD, *bas.*

La modestie sied aux fronts virginaux.

JUJULE.

Tiens, un blessé !

(Tous les personnages, sauf Agathe, se penchent du côté droit de la voiture pour voir le blessé ; c'est un joueur d'orgue qui n'a qu'un bras.)

M. GOBARD.

Ce n'est pas à coup sûr un blessé d'Italie !

M. COURBEMANCHE.

Non, certes! il aura sans doute été frappé aux dernières guerres de l'Empire premier, alors que la faux...

MADAME GOBARD.

Mon Dieu, que de voitures!

MADAME COURBEMANCHE.

On dirait une distribution de prix.

M. GOBARD.

Et de poussière! hi! hi! Et bien, mademoiselle Spasie, comment trouvez-vous tout ça? Vous êtes contente d'être venue avec votre famille?

ASPASIE.

Mon père est si bon!

MADAME GOBARD, *bas à son mari.*

Ah! ça fait deux fois. Quelle cruche!

JUJULE.

Ah! un militaire!

(Tout le monde regarde.)

M. COURBEMANCHE.

Jeune homme, si vous aviez vécu, vous reconnaîtriez la différence des Oplites et des Peltastes, du civil et du guerrier; ce que vous venez de voir passer, ce n'est pas un militaire, c'est un garde national.

M. GOBARD.

Oh! militaire ou garde national, c'est la même chose!

M. COURBEMANCHE.

Du tout!

L'un défend au dedans la patrie attaquee,
L'autre, au dehors, de sang inoude son épée ...

MADAME GOBARD.

Tiens, ça rime!

M. COURBEMANCHE.

Ce sont des vers que je viens d'improviser.

M. GOBARD.

Ah! par exemple, vous n'avez pas été long! c'est un

joli talent! Ah! je voudrais bien improviser comme ça; il faudra que j'essaye...

MADAME COURBEMANCHE, *bas à Aspasie.*

As-tu entendu ton père?

ASPASIE.

Mon père est si bon!

MADAME GOBARD.

Je parie qu'Agathe a oublié le gigot! Avez-vous oublié le gigot, Agathe?

AGATHE.

Oui, madame, il est là!

M. COURBEMANCHE.

Cette fille est illogique. Si le gigot est là, c'est une preuve qu'elle ne l'a pas oublié.

JUJULE.

A-t-on du melon, maman?

MADAME GOBARD.

Oui, mon fils.

MADAME COURBEMANCHE.

Ah! vous avez encore fait des folies!

MADAME GOBARD.

Non, non. D'ailleurs, c'est pour mon mari que nous l'avons acheté; il adore le melon, et puis je savais que mademoiselle Spasie collectionne les pépins pour faire des paniers à ouvrage ou des corbeilles pour son père.

ASPASIE.

Mon père est si bon!

MADAME GOBARD, *bas*.

J'en étais sûre!

JUJULE.

Ah! nous entrons dans la forêt et nous allons voir le donjon.

M. GOBARD.

Célèbre par Daumesnil.

MADAME COURBEMANCHE.

Je ne connais pas!... C'est un professeur?

M. COURBEMANCHE.

Non, madame, c'est un héros!

MADAME GOBARD.

Un héros!

M. COURBEMANCHE.

Voici ce qu'il a fait, madame.

MADAME GOBARD.

Écoute, Jujule, tu vas t'instruire.

JUJULE.

Moi, j'aime mieux m'amuser!

MADAME COURBEMANCHE.

Est-il gentil!

M. COURBEMANCHE.

Daumesnil avait une jambe de bois... qu'il avait perdue à Wagram... pas la jambe de bois... la vraie..:

M. GOBARD.

On a compris.

MADAME GOBARD.

Alors, c'était un blessé?

M. COURBEMANCHE.

Évidemment, madame; donc Daumesnil commandait la place de Vincennes en 1814, lors de l'invasion des alliés... Et vainement les Russes le sommaient de se rendre, Daumesnil leur disait : Quand vous me rendrez ma jambe, je vous rendrai la place! Cette réponse, digne d'un héros, l'a fait surnommer la jambe de bois...

JUJULE.

Ah! voici le camp!

M. GOBARD.

Nous sommes au camp!

M. COURBEMANCHE.

Campus Martius. Le camp de Saint-Maur.

MADAME GOBARD.

Ça ? le camp ! Les tentes ne sont pas rayées.

M. COURBEMANCHE.

On ne raye plus les tentes, madame, on raye les canons aujourd'hui !

MADAME GOBARD.

Eh bien! descendons. La voiture nous suivra dans le bois où nous dinerons. Agathe, gardez la voiture avec le charretier.

AGATHE.

Oui, madame.

M. GOBARD.

Et nous, visitons les jeunes guerriers !

SCÈNE II

Le camp de Saint-Maur. — Tentes de zouaves, de turcos et de sapeurs de la garde. — M. Courbemanche donne le bras à Mme Gobard. — M. Gobard à Mme Courbemanche. — Jujule donne le bras à Aspasie.

MADAME GOBART.

Voici les zouaves ! quelle barbe ! quelle figure !

M. COURBEMANCHE.

Vous pouvez leur parler; ils vous répondront.

MADAME GOBARD.

Vous croyez?

M. COURBMANCHE.

Oh! certainement.

MADAME GOBARD, *s'adressant à un zouave.*

Eh bien, mon ami, vous êtes content d'être revenu?

LE ZOUAVE.

J'en ai peur, madame!

MADAME GOBARD.

Avez-vous été blessé

LE ZOUAVE.

Oui, madame, même que ça a crevé l'œil de Joséphine!

(Il retrousse sa manche et montre un bras velu et vigoureux, sur lequel se trouve tatoué un portrait de femme avec cette légende : *Joséphine pour la vie.* Une balle a effacé la moitié du tatouage.)

MADAME GOBARD.

Oh! comme ça a dû vous faire mal?

LE ZOUAVE.

Je n'ai rien senti du tout.

M. COURBEMANCHE.

Je ne l'aurais pas cru, à moins que l'animation du combat, prédisposant les sens à l'insensibilité, n'endurcisse les tissus capillaires et ne chasse momentanément la douleur...

LE ZOUAVE.

Ah! mais, un instant. J'ai reçu un coup de baïonnette dans la cuisse, et je vous prie de croire que ça n'était pas rose.

MADAME GOBARD, *vivement*.

Ah! voyons.

LE ZOUAVE, *goguenardant*.

Si madame le désire...

MADAME GOBARD, *très-rouge*.

Oh! je voulais dire... c'est-à-dire... Ce n'est pas cela que je voulais dire...

LE ZOUAVE.

A votre service !

M. COURBEMANCHE.

Est-il vrai, mon brave, que vous élevez des animaux?

LE ZOUAVE.

Tenez, voilà mon coq.

M. COURBEMANCHE.

Un coq! *Gallus*, la Gaule! Tout se tient dans la nature.

LE ZOUAVE.

Mon camarade a un chat, et le sergent un rat à trompe.

MADAME GOBARD.

Un éléphant?

LE ZOUAVE, *riant*.

Si vous voulez.

M. COURBEMANCHE.

Allons, mon ami, au revoir! Nous nous reverrons le 14 sur les boulevards. Je suis de garde. Quand je vous verrai passer, je vous présenterai les armes.

MADAME GOBARD.

Et moi j'agiterai mon mouchoir; vous saurez que c'est moi.

LE ZOUAVE.

Oui, madame.

M. GOBARD.

Nous voici dans le camp des turcos!

MADAME COURBEMANCHE.

Ce sont des noirs!

M. GOBARD.

Presque tous; ils sont nés dans le Caucase, en Algérie; ce sont les enfants de nos conquêtes africaines.

MADAME COURBEMANCHE.

On dit qu'ils ne parlent pas français.

M. GOBARD.

C'est vrai; vous allez voir. Ouallah! ouallah!

MADAME COURBEMANCHE.

Est-ce que vous connaissez leur langue?

M. GOBARD.

Non! mais il suffit de parler nègre; vous allez voir. Ti beau nègre, comment ti porté?

LE TURCOS.

Sabalher! que mi volir?

M. COURBEMANCHE.

Qu'est-ce qu'il dit?

M. GOBARD.

Je ne sais pas; c'est très-drôle! (*au turco*) Ti bien battre, ti bon fusil?

LE TURCOS.

Battaglia! guerra! aoua! aoua! Yarzébé! Turcos

bono! venir in casa francesa, mangiar, balar, cantar, festinar, amar et m'amusar con les dama et damigella.

M. GOBARD.

Très-joli!

MADAME COURBEMANCHE.

Qu'est-ce qu'il a dit?

M. GOBARD.

Je ne sais pas; mais rien n'est plus curieux que cette langue que l'on ne comprend pas.

MADAME COURBEMANCHE.

En voici un qui est un bien bel homme; c'est dommage qu'il ne soit pas blanc!

M. GOBARD.

Oh! madame Courbemanche.. si votre mari vous entendait!...

MADAME COURBEMANCHE, *minaudant*.

Ah! ma foi, tant pis; j'aime la beauté partout où je la trouve.

M. GOBARD, *galamment.*

Et moi aussi, madame, et moi aussi.

MADAME COURBEMANCHE.

Finissez donc! ça n'est plus de notre âge!

M. GOBARD.

On rajeunit près de vous !...

MADAME COURBEMANCHE.

Allons voir les grenadiers de la garde.

<small>Jujule donnant le bras à Aspasie. — Ils sont arrêtés devant un tambour-major.</small>

JUJULE.

Oh! comme il est grand; je parie qu'il a des bottes. Regardez donc, mademoiselle Aspasie.

ASPASIE, *baissant les yeux et rougissant.*

Il est bien grand.

JUJULE.

J' vas lui parler. Dites donc, monsieur, est-ce vrai que vous avez été aussi en Italie?

LE TAMBOUR-MAJOR.

Qu'est-ce que j'entends à mes pieds? Serait-il présupposable que ce serait ce jeune ver de terre qui s'aurait permis de m'adresser quelque locution? Ce n'est pas pour dire du mal, mais je préférerais quarante fois dialoguer avec cette personne qui l'accompagne sécutivement, et dont auquel les appas ont la grâce de la jeunesse et la timidité de son sexe auquel nous devons le respect.

ASPASIE, *tremblant de tous ses membres, bas à Jujule.*

Où est mon père? il est si bon, il me défendra.

JUJULE, *crânement.*

N'ayez pas peur! je suis là.

LE TAMBOUR-MAJOR.

Ce que dit le blanc-bec? Jeune insensé, dis-moi donc un peu lequel de ces messieurs t'aura laissé tomber de sa poche, afin que je te ramasse pour t'y remettre; mais quant à vous, mademoiselle, ne craignez rien : le troupier français connaît les devoirs et la politesse qu'il convient et que je vous offre mes hommages et mon bras si vous avez l'agrément de l'un ou de l'autre.

ASPASIE, *désolée.*

Que cet homme est grossier ! O mon père ! mon père !

Sur ces entrefaites, arrivent M. Gobard et Mme Courbemanche ; quelques pas plus loin, M. Courbemanche et Mme Gobard apparaissent. On propose d'aller dîner. Arrivés à la tapissière, Agathe est absente ; mais le dîner est servi sur l'herbe ; on mange et on boit... Au moment de couper le melon, on entend une voix d'homme dans le bois... Effroi des convives ; l'homme chante cette chanson :)

Les caporaux sont des sujets
Qui nous dévorent tous nos prêts ;
Ils s'en vont boire de la bière,
Et toi, pauvre soldat, tu vat à la rivière.

(Aspasie se trouve mal ; on s'empresse autour d'elle. — L'homme continue sa chanson :)

C't-i-là qu'a fait cette chanson,
C'est l' tambour-maîtr' du bataillon,
Un soir qu'il battait la retraite
Sur les charmants appas de la belle Jeannette !

(Rires dans le bois; bruit dans la feuillée. Au bout d'un instant, Agathe apparait.)

MADAME GOBARD.

Où êtes-vous donc, Agathe? Nous n'avons personne ici; il y a des hommes qui chantent. Nous mourons de peur.

AGATHE.

Oui, madame; je suis là.

M. COURBEMANCHE.

Je crois que nous ferions bien de nous dépêcher, car voici le vent du nord qui fraîchit, la poussière s'agite; c'est l'orage qui s'approche.

M. GOBARD.

Je crois que vous avez raison.

MADAME COURBEMANCHE.

Et pas d'abri! je ne voudrais pas perdre ma robe de soie puce; elle n'a que quatre ans.

MADAME GOBARD.

J'ai senti des gouttes.

MADAME COURBEMANCHE.

Et, vite! vite, en tapissière, et fichons le camp!...

MADAME GOBARD.

Le camp! c'est un mot.

MADAME COURBEMANCHE.

Mon Dieu! comme il va pleuvoir.

SCÈNE III

A neuf heures du soir, trempés, lassés, couverts de poussière, mourant de faim et de soif, les Gobard et les Courbemanche se séparent en se disant bonsoir. Quant au plaisir, c'est Agathe seule qui en a eu, car elle a rencontré son sapeur, l'homme à la chanson.

TABLE

A MON CRITIQUE.................................... 1
A MON LECTEUR..................................... 3
Charles Monselet.................................. 35
Edmond About...................................... 38
Théodore de Banville.............................. 43
Louis Bouilhet.................................... 47
Michelet.. 51
Théophile Gautier................................. 53
Renard (de l'Opéra)............................... 56
Babinet... 57
Alphonse Karr..................................... 60
Victorien Sardou.................................. 63

Ponsard	66
Félicien David	69
Viennet	71
Aurélien Scholl	73
Mme Louise Colet	76
Gustave Doré	78
Arsène Houssaye	80
Victor Hugo	82
Alfred de Caston	89
Jules Janin	91
H. de Villemessant	94
Louis Veuillot	96
Maître Lachaud	98
Émile Augier	103
Les Alexandre Dumas	105
Nadar	110
LES MATHIEU. — *Mathieu (de la Drôme)*	112
Mathieu (de la Nièvre)	114
La Jeunesse du roi Henri	116
Jules Noriac	118
Henri Delaage	120
Timothée Trimm (Léo Lespès)	123
Paul Féval	126
JUNIUS (Delvau — Duchesne)	129
Jacques Offenbach	133
Achille Jubinal	135
Gérôme	138
Barbier	140
Pierre Dupont	142
LE PROCÈS BELENFANT-DES-DAMES	145
L'acte d'accusation	148
Audition des témoins	154
Les plaidoiries	185

| PUPAZZI

Délibération du jury..........................
Les frères Lionnet.......................... 195
La Boschetti.............................. 198
Thérésa.................................. 200
Suzanne Lagier............................ 202
Le jugement............................. 205
LES DEUX RATS............................ 207
LES PUPAZZI DE L'ATELIER................. 221
Un drame à enfant........................ 223
Le vrai bonhomme......................... 231
Le camp de Saint-Maur.................... 255
POST-FACE................................ 277

FIN.

Paris. — Imp. VALLÉE, 15, rue Bréda.

POST-FACE

Cher lecteur, — puisqu'il reste encore une page blanche, — n'ai-je pas oublié de vous dire que j'ai lu L'HOMME DE NEIGE*?*

Et faut-il vous avouer que je regrette vivement de n'avoir pas osé dédier ces pages, si informes qu'elles soient, à George Sand?

LEMERCIER DE NEUVILLE.

www.ingramcontent.com/pod-product-compliance
Lightning Source LLC
Chambersburg PA
CBHW070543160426
43199CB00014B/2353